クラスがまとまる！

子ども 教師 保護者 の
トライアングル
ほめ日記

編著者
手塚千砂子

著者
吉田絵理子
大貫政江
福井裕子

学陽書房

毎日、がんばりすぎて、疲れていませんか？

★ クラスの中にチクチク言葉が多く、全然まとまらない。
★ 子どもたち同士のトラブルが多い。
★ 仲間はずれになる子がいる。
★ 教師自身が忙しすぎて、
　気がつくとネガティブな考えに陥ってしまう。

子ども・教師・保護者の三者で
「ほめ日記」に取り組むと、
みんながハッピーに！
クラスもどんどん変わります！

☆ クラス中にほめ言葉があふれ、自然に笑顔が増えてくる！
☆ 子ども同士がお互いのいいところを見つけ合い、
　クラスみんなが仲よくなる！
☆ 学校での子どものがんばりを保護者が知り、
　子どもとも、教師とも、信頼関係を深めていく！
☆ 教師自身に心のゆとりができ、
　教師の仕事に意欲的に取り組める！

読者の皆さまへ

　本書を手にしていただき、ありがとうございます。
　私が、自己尊重感（自己肯定感）を育てる「ほめ日記」を創始して20年以上になりますが、その間、「『ほめ日記』を学校でも教えてくれるようになるといいですね」というお声を多くいただいてきました。私も同様の思いをもち続け、学校の先生方には機会があるごとにお伝えしてきました。私が先生方に提唱しているのは、「トライアングルほめ日記」といって、「ほめ日記」を子どもが一人で書くのではなく、担任の教師と保護者が、子どもの「ほめ日記」に「ほめコメント」を書く──という三者での取り組みです。
　実践していただいた先生方からは、
　「子ども同士が仲よくなって、クラスのトラブルが減りました」
　「保護者の方たちに対して緊張がなくなり、心の通うコミュニケーションがとれるようになりました」
　「子どもたちに対して、愛おしい気持ちが増しました」
　「自分自身のストレスが緩和し、ラクになりました」
　「子どもたちからも、保護者の方たちからも、慕われるようになりました」
などの肯定的な感想とともに、「ぜひ、これを全国の先生方に知らせたい！」という熱い思いや希望をたくさんお聞きしてきました。それはまさに、私自身の願いでもあったのです。

時代の流れの中で、保護者が子どもたちと向き合う時間が減り、子ど
もたちのストレスが増していくばかりの現実を目の当たりにしている
と、今こそ「トライアングルほめ日記」を広める時機ではないのかとの
思いが強くなっていきました。全国各地を講演する中で知り合った先生
方と意見交換を重ね、教育現場の状況と希望をお聞きしながら、「トラ
イアングルほめ日記」の本づくりの構想を練り、かたちになることを念
じてきました。

　長年お付き合いのある吉田絵理子さんと大貫政江さん、そして若手で
情熱いっぱいの福井裕子さんとご一緒に、本書を皆さまにお届けできる
ときが来たことを、たいへんうれしく思っています。

　とてもシンプルなメソッドですが、子どもにとってはもちろん、保護
者にとっても、また、教師自身にとっても大きなプラスの効果が期待で
きるものです。実践を続けていくことで自然と三者がよりよいコミュニ
ケーションをとれるようになりますので、それぞれのストレスがやわら
ぎ、愛情を深め合うことができます。

　わくわくしながら、本書を開き、ぜひ、実践していただけますように、
そして、喜びの体験をあなた自身のものにしていただけますように、心
から願っています。

手塚　千砂子

はじめに

──「トライアングルほめ日記」が、日本の教育現場を変える！

子どもにとって学校は、

「やることがいっぱいで、毎日たいへん！　自分なんて、何をやっても どうせダメだし……」

保護者にとって学校は、

「うちの子、勉強についていっているかな？　友だちと楽しく遊べてい るかな？　あれもこれも、心配で心配で……」

教師にとって学校は、

「なりたくてなった教師なのに、毎日うまくいかないことばかり。予想 外のいろいろな仕事にも追われて、もうたいへん……」

子どもにも、保護者にも、教師にも、たいへん尽くしの学校現場です。 いつからこのように「たいへんな場所」になってしまったのでしょう。何 に追い立てられているのでしょう。いったい何を目指して走っているの か、教師を長年やってきた私自身にとっても、今の学校現場は混迷を極め ているように思えます。近年、よく話題にのぼる「いじめ問題」「不登校」 「学力低下」「モンスターペアレント」などに、多くの人がさまざまな立場 から神経をとがらせています。業務は山積し、教師が子どもたちと向き合 える時間はどんどん少なくなり、学校現場そのものが息苦しくなってはい ないでしょうか。今の学校現場を少しでも風通しのいい環境にしていきた い。そして、さわやかな風を送るにはどうしたらいいか。本書では、その 答えの一つを提案できると確信しています。

それが、子どもと教師と保護者の三者がそれぞれに気持ちよくすばらし い成果を生み出す方法、「トライアングルほめ日記」です。

日本の教育現場では、子どもたちの自己尊重感（自己肯定感）の低下が

指摘されて久しいです。「自分が好き」と言える子どもが、驚くほど少ないということです。子どもは、もともと一人ひとりが個性的な存在で、大きな愛と可能性をもって生まれてきています。そして、子どもは自分を認めてほしい、ほめてほしいと強く求めています。その気持ちが、親や教師の肯定的な言葉によって満たされたら、子どもは「自分が好き！」「自分にはいいところがある！」と自信をもって学校生活を送り、生きていけるのではないでしょうか。

　また、日頃ほめることが苦手な教師や保護者が、子どもを肯定的に見て言葉をかける（文章を書く）習慣を身につけることができたら、よその子どもや周囲の大人たち、自然環境などにも肯定的な見方やかかわり方ができるようになるはずです。

　「ほめ日記」の創始者である手塚千砂子さんから「トライアングルほめ日記」の話を聞いたとき、すぐに取り組んでみようと思いました。実際に取り組んでみると、しだいに子どもと教師と保護者の三者の関係が、とても心地よい信頼関係でつながっていくのが実感でき、その効果の確かさに感動しました。学校という学びの空間があたたかくやさしいエネルギーで満たされていくのです。

　多くの先生方に、ぜひ、このような体験をしていただきたい。子どもたちにも自分を好きになってもらいたい。そんな気持ちから、吉田絵理子さん、福井裕子さんとともに、本書の制作に参加させていただきました。

　日本中の学校現場で、「トライアングルほめ日記」の実践が広がっていくことを願っています。

大貫政江

CONTENTS

はじめに
――「トライアングルほめ日記」が、日本の教育現場を変える！………6

Introduction
いいことずくめ！「トライアングルほめ日記」で、
子ども・教師・保護者に驚きの変化が起きる！！

① **無理なくできる！ 教師もラクになる！**………12
② **「ほめ日記」で「いじめない子」が育つ！**………16
③ **保護者から教師への信頼感がみるみるアップ！**………18
④ **三者で取り組めば、驚くほどの効果が！**………20
⑤ **教師自身が大きく成長できる！**………22
⑥ **「トライアングルほめ日記」の基本の実践ポイント**………24

Column 1　小学1年生も「ほめ日記」に夢中！
　　　　　　――倉敷市・茶屋町小学校での取り組みから………26

Chapter 1
子どもが変わる！ ぐんぐん成長する！
トライアングルほめ日記

① **子どもが夢中で取り組む！ 実践のポイント①**………28
② **子どもが夢中で取り組む！ 実践のポイント②**………30
③ **子どもが夢中で取り組む！「ほめコメント」のポイント**………32
④ **「気になる子」が変わる！ 実践のポイント**………38

⑤ 「気になる子」が変わる！「ほめコメント」のポイント………40

Column 2　「ほめ日記」で困難を乗り越える！
　　　　　　　——甑島・長浜小学校での取り組みから①………50

Chapter 2
クラスが変わる！ みるみるまとまる！
トライアングルほめ日記

① **クラスがまとまる！ 実践のポイント①**………52

② **クラスがまとまる！ 実践のポイント②**………54

Column 3　スクエアほめ日記！
　　　　　　　——甑島・長浜小学校での取り組みから②………62

Chapter 3
保護者が変わる！ 信頼関係が高まる！
トライアングルほめ日記

① **保護者も成長できる！ 実践のポイント**………64

② **保護者も成長できる！「ほめコメント」のポイント**………66

③ **保護者もさらに成長！「ほめ日記」のススメ**………68

Column 4　中学生も「ほめ日記」にチャレンジ！
　　　　　　　——鹿児島のある中学校での取り組みから………74

CONTENTS

Chapter 4
教師自身が変わる！ 学級経営もうまくいく！
トライアングルほめ日記

① **教師自身が成長できる！ 実践のポイント**………76
② **教師自身が成長できる！「ほめ日記」のススメ**………78

Column 5 「教師は向いていない！」と葛藤する中で………84

巻末付録

● **座談会** 「トライアングルほめ日記」を実践して………86

● **Q & A** こんなとき、どうする？………100

● **参考資料**………106
　　児童配付用説明プリント／ほめ言葉リスト／保護者あてのお手紙／
　　ほめコメントの例

おわりに………118

Introduction

いいことずくめ!

「トライアングルほめ日記」で、
子ども・教師・保護者に
驚きの変化が起きる!!

無理なくできる！
教師もラクになる！

「ほめ日記」とは？

　「ほめ日記」は、自分をほめる日記です。
　「ほめ日記」は、子どもだけが書くものとは決まっていません。
　オトナも――教師も、保護者も、若者も、高齢者も、自分をほめる日記を書くことで希望が生まれ、みるみるやる気がわいてきます。
　自分自身がもっている力、命を、めいっぱい伸ばすことに役立ちます。それが「ほめ日記」です。
　実践していく際に守ることは、「ほめ言葉」を必ず使うこと。そして、事実だけを書くのではなく、「事実＋ほめ言葉」を書くことで、「ほめ日記」になります。

トライアングルで「ほめ日記」

　この「ほめ日記」を、子どもと教師と保護者の三者で取り組んでいくものを「トライアングルほめ日記」と言います。

▶目的

　子どもの内面のよさを引き出し、自己尊重感（自己肯定感）を育むと同時に、教師と子どもの関係、クラスの子ども同士の関係、親子の関係、教師と保護者の関係をよりよいものにして、子どもたちの学校生活を今まで以上に楽しく、充実したものにします。

▶実践の基本

①子どもは教室で毎日「ほめ日記」を書き、教師に提出します（「ほめ日記」

に使うノートは、手作りのものでも、既成のものでも OK です）。

②担任の教師は、その日、子どもから提出された「ほめ日記」に、ひと言「ほめコメント」を書き、翌日、子どもに返却します。

③毎週金曜日、子どもは自宅に「ほめ日記」を持ち帰り、保護者に「子どもをほめる言葉やコメント」を書き入れてもらいます。そして、その「ほめ日記」を月曜日に再び学校に持っていきます。

実践で期待できること

子ども
- ・自分自身を好きになる
- ・自己尊重感（自己肯定感）が育ち、心が強くなる
- ・やる気、自立心、自主性、やさしさが育つ
- ・親や教師への尊敬の念が育まれる
- ・気持ちが落ち着く
- ・社会適応力が増す
- ・集中力が上がり、学力の向上につながる

教師
- ・子どもや保護者との良好な関係づくりに役立つ
- ・クラスをまとめやすくなる
- ・やりがいや喜びが増し、ポジティブなことに時間とエネルギーを使えるようになる（トラブル処理に使う時間とエネルギーが減る）

保護者
- ・子育ての楽しさが増す
- ・良好な親子関係づくりや心の成長に役立つ
- ・学校や担任の教師に対して信頼感や安心感が増す

　なお、教師は教師自身の、保護者は保護者自身の「ほめ日記」をそれぞれにつけていくことをおすすめします。ストレスの緩和、自立自尊の意識の向上、自己イメージの向上につながります。

Introduction　いいことずくめ！「トライアングルほめ日記」で、子ども・教師・保護者に驚きの変化が起きる!!　**13**

トライアングルほめ日記

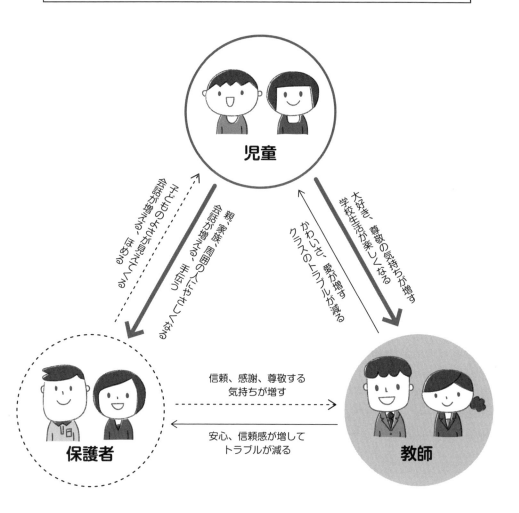

子どもたちの学校生活が、今まで以上に楽しく充実することは、
教師にも、保護者にも、大きな喜びと安心感をもたらします。
また、三者が同時に同じ話題で喜びを共有し、
表現する機会をもてることも特長です。

② 「ほめ日記」で 「いじめない子」が育つ!

「ほめる」と心がみるみる落ち着く

　子どもは、自分で自分をほめ、さらに担任の教師と保護者からほめられ続けていくため、情緒がどんどん安定していきます。そのため、イライラしたり、カーッとなって友だちに手を出してしまったりというようなことが減っていきます。

　また、自分の気持ちをコントロールする力も育っていき、小さなトラブルについては、子ども同士で話し合って解決する場面もしばしば見かけるようになります。

「ほめ日記」でいじめの起きないクラスに

　集団生活においては、トラブルが起きがちです。また、それが慢性化して、いじめ問題に発展してしまうこともあります。しかし、子どもたちの心が落ち着いて穏やかな状態が保たれるようになると、トラブルは早期に解決でき、「いじめる子」はいなくなります。「いじめない子」を育てることは、いじめ問題解決の根幹をなすものです。

　クラスで「ほめ日記」の取り組みを行っていくことで、自分を大切にし、自分自身に自信をもつ子が増えていくと同時に、友だちに対してもやさしい子、親切な子がクラスに増えてきて、クラス全体にお互いを助け合う気持ちが育っていきます。そして、それと同時に、親や教師の手伝いを積極的にしようとする心も育っていきます。

16

保護者の声

●「トライアングルほめ日記」を実践し、子ども自身が、自分のことだけではなく、家族や友だちをもっと好きになれたように感じることができました。（1年生の保護者・Kさん）

●子ども自身が、自分の気持ちを言葉で伝えられるようになりました。　　　　　　　　　　　　　　　（2年生の保護者・Sさん）

●親がコメントを書くことによって、子どもは親の気持ちを知り、安心感をもつようです。　　　　　　（2年生の保護者・Hさん）

●成長過程のこの大事な時期に、自分と違う他者のことを認め、受け入れること、また、集団の中で自分自身に自覚と自信をもつことは、とても大切なことだと思います。「他人のことも理解しましょう」と言われても、なかなか具体的にできるものではありませんが、「ほめ日記」を書き続けていくことで、それができるようになったと実感しています。　　　（3年生の保護者・Iさん）

●自分や友だちのいいところをたくさん発見したり、次はこうしようとか、具体的に考えたりすることによって、とても前向きになったと思います。　　　　　　　　（4年生の保護者・Yさん）

Introduction　いいことずくめ！　「トライアングルほめ日記」で、子ども・教師・保護者に驚きの変化が起きる!!

17

保護者から教師への信頼感がみるみるアップ！

育まれる「安心」と「信頼」

　保護者は、子どもが週末に持ち帰る「ほめ日記」を読むことで、学校での我が子の様子を具体的に知ることができます。学校であったことを話したがらない子どもの保護者にとっては、「学校でちゃんとやっている」というメッセージが伝わるため、非常に喜ばれます。とくに、自分の子どもに対して、毎日担任の教師が書いてくれる「ほめコメント」を見て、「先生は一生懸命やってくれているんだ」と感じてもらうことができます。

　また、「ほめ日記」から得る情報は、すべて肯定的なメッセージであるため、読むととても心地のよいものです。保護者は、「先生は、うちの子のことを、よく見てくれている」「成長させようとして、がんばってくれている」と、担任の教師に対して安心感と信頼感を大きくしていきます。

保護者とのコミュニケーションに笑顔が増える

　保護者自身も「ほめ日記」を書いたり、子どもの「ほめ日記」に「ほめコメント」を書いたりすることで、プラスの視点をもつ習慣がついていきます。例えば、教師の未熟な面を見てしまったことで、教師に対して不安や否定的なことを言葉にしがちな保護者も、プラス面を見るように変わっていきます。そうしたプラスの変化によって、保護者とのトラブルは自然と減り、保護者会などで感じるストレスも大幅に緩和されていくため、コミュニケーションはどんどん楽しいものになっていきます。そして、保護者から「信頼されている」という安心感は、心のゆとりにつながり、日々の子どもたちとの接し方にもプラスが生まれます。

　きっと学年の終わりには保護者から感謝の手紙が届くなど、教師にとっ

て喜びややりがいを感じることが多くなるでしょう。

保護者の声

●子どもをほめることが、喜びや成長につながると実感しました。親にとっても、子どもを見つめる力を養い、コミュニケーションのタネとして役立つ要素がいっぱい出てきたと思います。ありがとうございました。　　（１年生の保護者・Ｃさん）

●先生のご指導のもと「普通に生きていること」もほめるに値するなど、ものごとをいろいろな角度から見ることができるようになりました。学校や家だけではなく、外でも、電車で席をゆずったり、落とし物を拾ってあげたり、自ら進んでできるようになったことは、「ほめ日記」のおかげです。（１年生の保護者・Ｓさん）

●学校での娘の様子に、より関心をもつようになりました。先生が親身になって子どもたちに接していることが感じられ、感謝の気持ちが増しました。　　　　　　　（２年生の保護者・Ｙさん）

●「ほめるように」と、多くの子育て本などでも書かれていますが、なかなかそうできない場面も多くあります。しかし、「ほめ日記」のかたちであれば、それを無理なくうまく伝えることができるので、とても感謝しています。　　　　（３年生の保護者・Ａさん）

●子どもにとって、文章を書く練習にもなっていますし、書くことをきっかけにいろいろなことにも目を向けられるようになっていると実感しています。自分を好きになって、人を好きになって、いいことと悪いことの違いを知ることもできてきているようで、本当によかったと思っています。「トライアングルほめ日記」の実践に、感謝でいっぱいです。　　　　（４年生の保護者・Ｅさん）

Introduction　いいことずくめ！「トライアングルほめ日記」で、子ども・教師・保護者に驚きの変化が起きる!!

三者で取り組めば、驚くほどの効果が！

Win-Win-Win!

　子どもと教師と保護者の三者で取り組む「ほめ日記」は、一見難しそうに感じられることもあるようですが、まったくそんなことはありません。実際に取り組むと、その手軽さはもちろん、成果の大きさと手応えに多くの先生方が驚いています。そして、他の宿題では決して見られない子どもたちの成長に、うれしい感想がたくさん寄せられています。

　また、子ども一人ひとりの情緒が安定してくることで、クラス全体が落ち着いてくるため、授業もスムーズに進み、相乗効果は計り知れません。教師自身の心のゆとりや安定にも役立ち、子どもを惹きつける授業のアイデアや工夫などもどんどんひらめくようになって、毎日やりがいをもって仕事ができるようになります。

保護者の声

●本人（子ども）、先生、親（私）との三人で"ほめほめ"し合うことができ、私自身も幸せな気持ちにしていただきました。感謝、感激でした！！！　　（１年生の保護者・Wさん）

●学校のことを話すことが苦手な息子が、「ほめ日記」には学校のことをちゃんと書いてくれるので、ようすがよく分かってありがたいです。　　　　　　　　　　（２年生の保護者・Fさん）

●親子でとても楽しく書かせていただきました。私が書いた「ほめ日記」を二人で声を出して読むと、とってもうれしそうな顔をする息子がまたかわいくて……もっともっとほめようと思いまし

た。毎日があっという間ですが、仕事から帰宅してからバタバタの夜の時間、「ほめ日記」を通して、親子で向き合える時間がもてました。とてもすてきな取り組みだと思いますので、今後も家庭で続けていきます。 （3年生の保護者・Tさん）

教師の声

●子どもと保護者と教師の三者が、心でつながるのを感じました。普段はあまり話さない親子が、「ほめ日記」で心が通い合った、仲よくなれたという保護者からの声もありました。まさに親子関係の改善です。教師の仕事は、集団の子どもたちが相手です。毎日全員の細部を見て、変化や成長、よさを見つけて全員に伝えたいと思っても、なかなかできません。しかし、子ども自身が自分のよさを書く「ほめ日記」なら、毎日一人ひとりの子どもと心でつながることができます。 （岡山県・N先生）

●放課後一人ひとりの「ほめ日記」を読むことで、普通に過ごしているだけでは気づかず見過ごしていた子どもたちのがんばりや取り組みに気づくことができました。また、一人ひとりにコメントを書くことで、子どもたちとのつながりをより強く感じるようになりました。週末、家に持ち帰って保護者に見てもらうことで、保護者の皆さんにも家では見られない子どもたちの姿に気づいていただく絶好の機会となって、喜んでいただけました。

（鹿児島県・Y先生）

●多くの保護者から具体的な体験を伴った報告や感謝の言葉をもらうと、また新しい喜びがわき上がります。授業の計画や準備などに張り切って取り組んでいけるようになりました。

（東京都・O先生）

Introduction いいことずくめ！ 「トライアングルほめ日記」で、
子ども・教師・保護者に驚きの変化が起きる!!

⑤ 教師自身が大きく成長できる！

気づきから自己成長へ

　「トライアングルほめ日記」の取り組みを通して、教師としての喜びや誇り、やりがいなどを感じることができるほか、教師自身の自己成長にもつながっていきます。

　たとえば、子どもが書く「ほめ日記」を読むことで、自分が見落としていた子どものよさに気づくことができたり、子どもがもつ可能性の大きさを実感できたり、子どもの命に対しての視野がどんどん広がるのです。また、子どもへの愛情もより深く感じられるようになります。

　それは、「ほめコメント」を書き、子どものプラス面に常に目を向ける習慣から生まれる、教師自身の内面の成長にほかなりません。

教師の声

●日々、「生きているのは当たり前ではない。心臓が動くこと、息ができること、歩けること……。毎日奇跡のような体の働きによって生かされている」という考えが根本にある私にとって、そのことを「ほめ日記」の時間に伝えやすくなりました。そして、子どもたちにもその考えが伝わり、自分の命の大切さを知り、いろいろなことに感謝できる子が増えていきました。このことは、私にとって、とても大きな喜びです！

（東京都・F先生）

●「ほめ日記」に取り組むようになってから、学年末には、保護者の方から「先生のクラスでよかった」というあたたかい言葉やお便りをいただくことが多くなり、仕事に誇りと喜びを感じてい

ます。また、子どもたちもそれまで以上に慕ってくれるようになり、私自身も子どもたちへの愛を強く感じることができ、教師の仕事にやりがいを感じながら毎日を過ごすことができています。

（東京都・Y先生）

●3年ほど「トライアングルほめ日記」を実践する中で感じたことは、喜びとともに教師自身が成長できるということです。私が感じたことは、次のような点です。

①一人ひとりの1日1日に、それぞれかけがえのない物語があることに改めて気づく。

②当たり前のように思えて見過ごしがちな、しかし本当に価値ある喜びや、小さなことのようだけれど本当は大きい成長に目が向く。
　　・元気に学校に来られたこと
　　・インフルエンザにならなかったこと
　　・給食を残さなかったこと
　　・友だちと仲よく過ごせたこと……etc

③「どの子もすばらしい」という当たり前のこと、原点に戻ることができる。

④保護者と子ども、教師と子ども、子どもと子どものあたたかい絆づくり、お互いの信頼関係づくりに役立つ。

⑤「ほめコメント」を書いているとき、自分がやさしい気持ち、あたたかい気持ちになれる。心が広がるのを実感できる。

⑥保護者の「ほめコメント」と、自分が目指すクラス像・子ども像が一致する喜びを感じる（「心を込めて表現すること、全力で自分を出すことを学ぶことができた○○は、最高にすばらしい!!」などというような保護者の「ほめコメント」を読ませていただいたとき）。

（岡山県・N先生）

6 「トライアングルほめ日記」の基本の実践ポイント

30分でできる！　そして、教師もラクになる！

　1日に子ども30人分の「ほめ日記」を読むとして、1人に1分、まずは合計30分の時間をつくりましょう。

①原則として添削はしません。子ども自身が自分をほめている内容に注目します（P32参照）。

②宿題ではないので、子どもに無理強いはしません。

③「ほめコメント」は短く書きます（P116～117のほめコメントの例を参考にしてください）。この時間は、教師自身も大きなプラスのエネルギーで満たされます。書き終わったときの心の状態を見ると、満ち足りた幸福感が訪れているのに気がつくと思います。

　疲れてしまった夕方や夜の30分でも、「ほめコメント」を書いているうちに元気は戻ってきます。クタクタに疲れてしまったときは、翌朝30分早起きをして、さわやかな気分で「ほめ日記」にコメントを書き込むと、"ほめパワー"に満ちたすばらしい1日のスタートをきることができることも、付け加えておきたいと思います。

　どうしても「ほめコメント」を書く時間がとれないときは、「すごい！」「すばらしい！」など短くてもいいので「ほめコメント」を書くようにしましょう。

▶実践ポイント

①実践に際しては、とにかく事前のていねいな説明が大切です。教科書のない学習活動なので、子どもにはもちろんのこと、保護者にも分かりや

24

すく、具体的に説明する必要があります。

②子どもには、実態に即して、どの時間帯（または教科）にどのような目的で行っていくのかを分かりやすく伝えるようにしましょう。

③保護者から理解してもらい、協力してもらえるように、ていねいな説明に努めましょう。

　　例１：保護者会を活用して、担任の教師が、この学習活動の「ねらい」をしっかりと話し、協力をお願いする。

　　例２：説明が保護者会の時期とタイミングが合わないときは、保護者向け文書（学年だよりや学級だよりの活用も可能）でお願いする（P111 ～ P115 参照）。

　どちらの場合も、子どもが毎週末に「ほめ日記」を持ち帰るので、「ほめコメント」を記入していただきたい旨を必ず伝えます（P30 ～ 31、66参照）。

▶ 実 施 時 間

例１：授業が終わり、「帰りの会」を始めるまでのすき間時間を使う（「帰りの会」は、よかったことやがんばった友だちの紹介といった今日の振り返りや翌日の連絡などをする時間としてメリハリをつけます）。

例２：国語や学級活動、道徳の時間に捻出した 15 ～ 20 分程度の時間を使う（２年生にもなると慣れてくるので、10 分程度でも書けるようになりますが、それでも時間不足の子どもは書いたところまでで提出するというかたちをとります）。

例３：お昼のマイタイムなどの帯の時間（各学校によりますが、昼 15 分のマイタイムや朝の自習時間など）を使う。

Introduction　いいことずくめ！　「トライアングルほめ日記」で、
子ども・教師・保護者に驚きの変化が起きる！！

Column 1

小学1年生も「ほめ日記」に夢中！——倉敷市・茶屋町小学校での取り組みから

「自分には、ほめられるところなんてない」「何をほめたらいいの？」と、自己尊重感が高いとは言えない今どきの子どもたち。「ほめ日記」を始めることになった日に、聞こえてきたつぶやきでした。

それでも、自分のことは自分が一番よく知っています。かげで努力している自分。人の見えないところで、人を助けたり喜ばせたりしている自分。うまくいかなくても、自分を高めようとチャレンジしている自分。そんな「自分」にスポットをあてて、ノートに素直に毎日書いていく「ほめ日記」の取り組み。書き続けていくと、どんな子でも、自分のよさを見つける心が必ず育っていくのです。もちろん、それは、小学1年生であってもです。ひらがなを覚えれば、「ほめ日記」はすぐに取り組むことができます。

「ほめ日記」を始めた頃、ある男の子が「書くことがない」と悩んでいました。毎日、お母さんに相談して、1日の出来事やがんばったことを一諸に振り返るようにして、やっと書いていたのです。それでも続けていって、数か月後、彼は変わりました。1〜2行書くのがやっとだったのに、その後は6行も書くようになりました。書けなくて困っていた子が、書けすぎて困るようになったのです。これには私自身も驚きました。

ある日、彼が「ほめ日記」に書いた「ママ、書くことがいっぱいありすぎて、書ききれないよ！」に対して、お母さんからは次のようなコメントが書き加えられました。

「うれしいことです。毎週、『ほめ日記』を見ていて、その効果の大きさに、すごいなと感じさせられています。ほめることに目を向けると、子どもはどんどん成長していくのですね」

子どもにとって「自分をほめる」というテーマは、はじめは書きづらくても、慣れればどんどん見つけて書いていくことができるもののようです。それは、書き続けるうちに自分を喜ばせ、勇気づけ、書くことの楽しさや自分のよさを発見していくことができるからなのでしょう。学習というより、楽しくてたまらない作業のようでした。

自己開拓力が確実に身につく「ほめ日記」。その取り組みに、学年はまったく関係ありません。要は続けていくことなのです。そして、そこに教師が、「喜び」や「驚き」「本人の成長」などのプラスの価値を加えていきます。

傍らから教師がサポートすることが、「ほめ日記」の取り組みから子どもの成長を引き出す秘訣なのだと思います。

（岡山県倉敷市立茶屋町小学校教諭・西村昌平）

Chapter 1

子どもが変わる！
ぐんぐん成長する！

トライアングルほめ日記

① 子どもが夢中で取り組む！実践のポイント①

どの学年からでも取り組める

　子どもたちは「ほめ言葉」が大好きです。教師が想像する以上に喜び、大きな効果をもたらしてくれます。事前にしっかりオリエンテーションを行えば、どの学年からでも始められますし、どんどん夢中になって取り組んでいきます。もちろん、小学1年生でも文字が書けるようになれば、「ほめ日記」の実践にはまったく問題はありません。2学期頃からスタートしていくといいでしょう。

- ・子どもの自己尊重感（自己肯定感）が育つ
- ・やる気が出る
- ・心が落ち着いてくる
- ・集中力がつく
- ・得意なことが増える
- ・笑顔が輝く
- ・周りの人にやさしくできる
- ・自分が好きになる
- ・きょうだいや友だちと仲よくなる
- ・親に自分の気持ちを話せるようになる
- ・長所が伸びる
- ・短所が目立たなくなる
- ・自分の成長を自覚できるようになり、自信がつく
- ・まわりの人のよさやプラス面を見ることができるようになる
- ・失敗しても落ち込まなくなり、次にがんばる気持ちが出てくる
- ・心の成長の大きな助けになる

授業の中でも取り組める

　特別に「ほめ日記」の時間がとれない場合は、生活科や総合的な学習の時間を活用するといいでしょう。また、作文の時間や「自分の命」と少しでも関連のある授業であれば、無理なく取り入れることができますし、工夫次第でいろいろな教科の中で取り組むことができます。

例1：1、2年生／国語＆生活
- 毎日、当たり前のことができることをほめて、成長しよう
- 自分のよさやがんばりを見つけ、自信をもって進級しよう
  - ＊導入時に、「わたしは・ぼくは たいせつないのち」（作：手塚千砂子、『親も子もラクになる魔法の"ほめ"セラピー』（学陽書房）に収録）を読み聞かせる方法もあります。

例2：3、4年生／総合＆国語
- 自分が自分の一番の友だちになろう
- 自分のがんばりや心のプラス面をどんどん発見しよう
- 自分の体の働きをほめよう

例3：5、6年生／総合
- 「私ってどんな人？」「自分のことを知って、これからの生き方を考えよう」
- 夢をもっていることをほめよう
- 自分を振り返って、成長したことをほめよう
  - ＊導入時に「自分プロフィール」を作成させて、自分に目を向ける時間をたっぷりとってから学習に入る方法もあります。

Chapter 1 　子どもが変わる！　ぐんぐん成長する！　トライアングルほめ日記　**29**

② 子どもが夢中で取り組む！ 実践のポイント②

まずは、ていねいな説明を

「なぜ、『トライアングルほめ日記』を行うのか？」、その目的を子どもに明確に示しておくことが、取り組みに際してもっとも大切なことです。子どもが目的を理解することができれば、取り組みにおいて子どもも教師もブレることはありません。

また、同様に保護者にも説明が必要です。子どもに話す「トライアングルほめ日記」の目的を、事前に保護者に伝え、理解と協力を得るようにしましょう。保護者会の場で直接説明するのがベストですが、それが時期的に難しい場合は、文書で伝えます（P111 〜 115 参照）。

場合によっては、管理職（校長、副校長、教頭）や学年主任にも話をして、配付文書の内容を確認してもらい、新しい取り組みについての理解を得ておきます。

▶ 進め方
① 「ほめ日記」の書き方を示す

いきなり「自分をほめましょう」と言われても、どう書いたらいいのか分からない子どもがほとんどです。とくに低学年の子どもたちには、できるだけ具体的に示してあげることが大切です。「トライアングルほめ日記」の書き方とほめ方についてのプリント（P106 〜 108 参照）を配付しながら説明していくと、分かりやすいでしょう。

また、書く際は「エンピツで濃く、短く」とだけ決めておき、それ以上のルールを細かく設けないことがポイントです。「ほめ日記」を書くことが子どもにとって負担にならないようにしてあげましょう。

30

②「ほめ言葉」の例示

　誰でも、はじめはなかなか「ほめ言葉」が浮かんでこないものです。「ほめ言葉リスト」（P109 または 110 参照）をわたすと、子どもはその中から自分がつかえそうな言葉を選んで書くことができます。

　また、例文を板書してあげると、子どもが自分をほめるポイントを探しやすくなります。

③教師が「ほめコメント」を書く

　教師はできる限り、その日のうちにコメントを書くようにします。短くていいのですが、子どもの「ほめ日記」に共感的に書くことがポイントです（ほめコメントの例は P116 ～ 117 参照）。

④週末、保護者に「ほめコメント」を書いてもらう

　子どもが金曜日に持ち帰った「トライアングルほめ日記」に、保護者にコメントを書き加えてもらい、それをまた月曜日に学校に持ってくるようにさせます。こうした取り組みを続けていくようにします。

　保護者には、子どもが書く「ほめ日記」を添削するのではなく、ほめ言葉をつかいながら、共感する気持ちや肯定的な思いをコメントしてもらいます。子どもの「ほめ日記」に、教師と保護者がそろってかかわることで得られる効果を強調し、協力を仰いでいきましょう。

　また、家庭環境はさまざまですので、「できる範囲で結構です。一行でも、ひと言でも書いていただくだけでいいんですよ」と負担感をあたえないように話しておくことも、忘れないようにしましょう。

Chapter **1**　子どもが変わる！　ぐんぐん成長する！　トライアングルほめ日記　**31**

③ 子どもが夢中で取り組む！ 「ほめコメント」のポイント

添削ではなく、あくまでもほめる！

　教師が書き入れる「ほめコメント」の目的は、子どもに「自分をほめる」楽しさやうれしさを知ってもらうことと、「私はあなたを認めているよ」という教師からのメッセージを届けることです。くれぐれも、その点を忘れないでください。あくまでもほめている内容に注目し、ほめることに徹しましょう。

　間違っている文字（ひらがな、カタカナ、漢字）や句読点については、直さないことが原則です。なぜなら、国語の学習ではないからです。作文が苦手な子どもや、自分をうまくほめられない子どもにとって、国語の時間と同じように赤ペンで直されると、自信をなくして「ほめ日記」を書くことが嫌になってしまうことがあります。

　自己尊重感を育てるための学習なので、教科学習のような指導はここでは行いません。「子どもを丸ごと受けとめよう！」という教師の決意が必要です。ただし、添削を望む子どもには、青ペンで直すなどはOKです。

「ヒント」や「教師の驚き・感動」を伝える

　文章を書くのが苦手な子やその日の出来事を思い出すのが苦手な子については、教師が観察したことや発見したことを書き添えてあげるようにすると、次に子どもが書くときのヒントになります。

　例えば、「今日は○○くん、みんなの宿題を集めてくれたね。やさしいね。先生、助かったよ！」というようにです。

　家庭でのようすや習いごとについて書く子どももいます。学校で見せる顔とは違う子どものもう一つの顔については、大いに興味を示し、教師の

32

驚きや感動を伝えるようにするといいでしょう。

実践事例

《2年生・Cさん》

なんでもよくがんばる女の子。図工が大好きで、自分の納得のいくまで根気よく取り組みます。家庭では、習いごとをたくさんしています。担任は、「がんばりすぎてはいないか?」と心配していましたが、2年生なりに計画を立て、健康面にも注意を払って笑顔で過ごしています。「ほめ日記」が大好きで、意欲的に取り組んでいました。

● 3月11日(金)の「ほめ日記」から

きのうは、通信教育の勉強がおくれていたのにおわらせて、すばらしいね。○○くんとも元気いっぱいにあそんで、すごく元気だね。あそんでも、ピアノも通信教育の勉強もできてとってもえらいよ。今日だってぜったいぜったいにできるよ。おなかがすいてもていねいに書く自分はとてもせい長したね。120㎝になったから、小川町のパティオのスライダーもできるね。

●担任から

スライダーに乗れるんだね。せがのびてほんとうによかったね。

●お母さんから

今日は、ピアノのリハーサル。今週気合いを入れて、自分で決めた時間に自ら練習していたね。何度も何度も寒い部屋でよくがんばったね。その成果がよく出ていて、ドラム、フルートの音をよく聴けていたよ。本番も楽しみです。会場の片付けも手伝ってくれてありがとう。お友だちと一緒に音楽を楽しめることを忘れないでね。感動をありがとう。

Chapter 1 子どもが変わる! ぐんぐん成長する! トライアングルほめ日記

●Cさんの学年末の振り返りアンケートから

　自分は、毎日がんばっているんだなぁと思いました。友だちの
いいところも見つけられるようになりました。つい、うらびょう
しに「ほめっち」*を中心にうちの家ぞくをかいてしまいました。

*「ほめっち」:『自分で自分をほめるだけ 「ほめ日記」をつけると幸せになる！』
（手塚千砂子著、メディアファクトリー）に出てくるキャラクター。

●Cさんのお母さんの学年末の振り返りアンケートから

　通信教育を2か月分ためてしまったのですが、ほめ日記を始め
た頃から、計画を立て、3月末には計画通り終わりそうです。家
での時間も大切にするようになりました。子どもは、先生のお返
事が何よりうれしかったようです。

実践事例

《2年生・Aさん》

　なんでもよくできて、活発な女の子。3人きょうだいのお
姉さん。お母さんは、「家では女王さま。学校では友だちに意地
悪していませんか？」といつも心配しています。お母さんは、A
さんの「ほめ日記」から学校でのようすをつかみ、それをほめて
くれました。それを読んだAさんからは、とっても満足している
ようすがうかがえます。

　2か月ほど経過した頃、「私は、自分をほめるためにお手つだ
いをしたり、いいことをいっぱいしています」という気持ちの大
きな変化が見られるコメントが書かれていました。これは、「ト
ライアングルほめ日記」の成果と言えます。

●1月29日（金）の「ほめ日記」から

　今日、○ちゃんと一りん車をしようと思ったとき、おそくなって、
わたしは自分にあっている一りん車をとれたけれど、○ちゃんは
とれなくてこまっているとき、わたしはその一りん車をかしてあ

げて心が広くてよかったね。今日、きゅう食当番をしているとき、
ラーメンのしるのりょうがむずかしかったけどがんばったね。

●担任からのコメント

　友だちの気もちも考えてこうどうができるんだね。せい長した
ね。

●お母さんからのコメント

　前のあなたなら、自分だけが体の大きさに合っている一りん車
をとれただけでまんぞくしていたのに、こまっている友だちに気
づいてかしてあげたなんて、おねえさんになりましたね。お父さ
んとお母さんは本当にうれしいです。

　りょうを考えながら、みんなにくばるのはむずかしいけど、毎
日、家ぞくみんなのごはんをよそってくれるから、うまくできた
のかもしれませんね。毎日たすかっています。ありがとう☆

●Aさんの学年末の振り返りアンケートから

　「ほめ日記」をつづけて、お父さんやお母さんに多いときは14
こもほめてもらいました。ほめてもらうのってとってもうれしい
ことなんだなぁ、と思いました。自分で自分をほめるのは少しむ
ずかしいですが、私は自分をほめるためにさいきんお手つだいを
したり、いいことをいっぱいしています。

●Aさんのお母さんの学年末の振り返りアンケートから

　プリントの記入欄が大きく、毎日少しは悩みました。小さなこ
とにも目を向けて記入することで、子どもの自己肯定感が上がる
ことと思いますので、結果的にはよかったです♡♡♡

　家族一同、あたたかい幸せな気持ちにさせていただき、本当に
ありがとうございました。

Chapter **1**　子どもが変わる！　ぐんぐん成長する！　トライアングルほめ日記

実践事例

《その他の1年生の声》

●自分をほめて、とてもうれしかったです。毎日ほめると、とってもいい気分になるので、「ほめ日記」があってよかったです。 (Hさん)

●「ほめ日記」をつづけてみてもっとつづけたいと思いました。わけは「ほめ日記」がとても楽しくて、とてもかんたんだからです。 (Uさん)

●うれしくなってきて、ほめたことがうまくなっています。 (Iくん)

●ほめることは、しぼりだせばいろいろあるんだと思います。 (Rさん)

●「ほめ日記」を書きはじめて、さいしょはすこしむずかしかったけど、今はかんたんで、自分をほめるのはすごく楽しくて、3年生4年生5年生6年生、大人になってもつづけたいです。(Sくん)

●お父さん、お母さん、先生がほめてくれて、うれしかった。わたしは、いろんなことができるんだなぁ、って思いました。 (Cさん)

●金曜日にもってかえったとき、いつもはお母さんが書いていたのに、お兄ちゃんが書いてくれて、ぼくはお兄ちゃんはやさしいんだなと思いました。 (Mくん)

●なんか、自分のことをほめていると、やる気が出ます。 (Sくん)

●「ほめ日記」とは、人間をよろこばす日記です。お母さんに「ほめ日記を書くと、気もちよくなるよ」といわれたのでいつもやる気が出ます。　　　　　　　　　　　　　　　　　　　　（Rくん）

●さいしょはぜんぜん自分のことをほめられなかったけど、だんだんほめるのが上手になって、心が広くなったと気づきました。「ほめ日記」をほとんど毎日つづけたら楽しいなぁと思えてきました。　　　　　　　　　　　　　　　　　　　　　　　（Rさん）

実践事例

《３、４年生の声》
●「ほめ日記」で目標をきめたら早寝早起きができるようになったと思いました。お母さんとけんかしてもすぐにごめんなさいといえるようになって、けんかもほとんどなくなりました。　　　　　　　　　　　　　　　　　　　　（３年生・Aさん）

●・いやなことがあっても「ほめ日記」をやればわすれられる。
　・「ほめ日記」をやることで、学校生活がたのしくなってる。
　・「ほめ日記」をかくためにいろいろいいことをしようと思える。
　・ほめ日記にはなにか人をやすらげるようにする力があるんじゃないかなと感じました。　　　　　　　　（３年生・Mさん）

●自分をほめることで、心がとても明るくなったり楽しくなったりする。あたり前のことがあたり前じゃないと分かった。

　　　　　　　　　　　　　　　　　　　　（４年生・Nさん）

Chapter **1**　子どもが変わる！　ぐんぐん成長する！　トライアングルほめ日記　　**37**

「気になる子」が変わる！実践のポイント

「気持ち」も「状況」も落ち着きを取り戻すきっかけに

　「思いどおりにならないと怒って、すねて泣いてしまう子」「言葉より先に手を出して、周りを困らせてしまう子」「じっとしていられないで勝手に動き回る子」……こうした子がクラスにいると、クラス全体がざわざわして、他の子どもも落ち着かなくなり、教師の指導はたいへんです。学級崩壊にもなりかねません。

　しかし、「トライアングルほめ日記」の実践によって、"気になる子"が少しずつ落ち着いてきたり、乱暴が減って友だちのいいところを「ほめ日記」に書くようになったり、感情のコントロールができるようになったというケースは珍しくありません。

　ただし、こうしたケースでは、まずは教師と保護者がしっかり話し合い、協力し合うことが、改善のための大きな力になります。

　一人の子が、周りの子を扇動して騒ぐようになってから、あわてて実践しても、改善まで時間がかかり、教師はエネルギーを消耗してしまいます。「気になる子がいる」と気がついたら、早めに準備をして取り組むことが大切なポイントです。

▶ **進め方**
① **すぐに書けない子には、そばに行って説明をしたりアドバイスする**
② **教師がほめる点を探してほめ、それを書かせる**
③ **書かない子には、教師がほめて聞かせるだけでもOK！**

実践事例

《キレやすかった子が変わった》

　２年生の担任になって、大きな不安に襲われました。なぜなら奇声をあげているＵくんがいたからです。周りの子どもたちは脅えたような非難の目を向けていました。

　Ｕくんの母親から話を聞くと、父親の暴言がひどいとのこと。時には頭をたたくこともあるということでした。まずは、お母さん自身が「ほめ日記」を書いてゆとりを取り戻すことと、その上で、お母さんだけでもＵくんをほめるようにと、お話をしました。

　お母さんが自宅で自分の「ほめ日記」を書き、週に一度、Ｕくんが学校から持ち帰る「ほめ日記」に「ほめコメント」を書く――という取り組みによって、奇声を発したり、寝転んだり、授業中にどこかへ行ってしまったりしていたＵくんの顔つきが徐々に変化していったのです。夏休み明けからは、態度もとても落ち着いてきました。自分の気持ちを表現できず、「キーッ」となっていたＵくんが、少しずつ自分自身の気持ちを話すこともできるようになりました。学年が終わる頃には、静かに授業も聞けるようになり、手を挙げて発表もするようになったのです。

　お母さんからは、「『僕は宝物だった』ということが、子どもの心に刻まれたようです。親子関係――父親との関係もよくなりました。ほめることを教えていただきありがとうございました」とお礼を言われ、取り組みの成果を得ることができました。

　私も以前は子どもと一緒になって怒ったり、不機嫌になったりすることがありましたが、教師自身も「ほめ日記」を書くことと、子どもたちとの「トライアングルほめ日記」の取り組みによって、落ち着いてその子を見られるようになりました。乱暴だった子の表情がやわらかくなってくるのを見ると、みんなそれぞれ違うけれど、みんないいところがあるのだと、実感します。

（愛知県・Ｕくん担任　Ｅ先生）

Chapter **1**　子どもが変わる！　ぐんぐん成長する！　トライアングルほめ日記

5 「気になる子」が変わる！「ほめコメント」のポイント

教師は具体的な場面をおさえる

　そもそも「気になる子」は叱られることが多いため、なかなか自分をほめることができません。教師はできるだけ子どもの具体的な場面をおさえて、ほめることをさがし、「こういうこともしていたよね。これはほめることだよ。すごいよ！」などと、子どもにほめる点を教え示してあげるようにコメントするといいでしょう。すると、子どもは「そんなことでもいいのか」と安心して、自分自身をほめるようになります。

　また、子どもが書いた「ほめ」に対して、教師がそれと同じ言葉をつかってコメントを書くと、子どもが承認された気持ちになるため、とても効果的です。

保護者には教師のコメントを受け入れてもらう

　保護者にとっては、今まで叱ってばかりいた子を急にほめるのは難しいことかもしれません。それについては、教師がていねいに話をして、理解を求めていきましょう。

　もしも保護者が、教師が書いた「ほめコメント」について「ほめることでもない」と思ったとしても受け入れてもらい、保護者には「先生からほめられたんだね。えらいね！」と子どもをほめ、共感するコメントを書き入れてもらうようにお願いします。時間がない場合は、花丸やニコちゃんマークだけでもよしとして、保護者が子どもの「ほめ」をしっかり受け止めているということを子どもに伝わるように努めてもらうことが大切です。

40

実践事例

《謝って歩く日々が変わった》

　誰とでもすぐにケンカをしてしまうKのために、私はいつも謝って歩き、Kにはその度に怒っていました。怒ることが子どものためだと思い込み、ほめたことは一度もありません。毎日、今日は学校で何をしているのだろうとハラハラしていました。

　「トライアングルほめ日記」の話を先生からお聞きしたときに、「うちの子にはほめるところがありません」と答えましたが、「お母さんと私が二人でKくんをほめましょう。必ず落ち着きますよ」と励ましていただきました。先生は、Kが「ほめ日記」に何か一つでも書いたら、（たいしたことないことでも）花丸をつけて「えらい！」と「ほめコメント」を書いてくれました。私はそれを見て、「Kちゃん、すごいじゃない、花丸もらったんだ」とほめたり、お風呂に入ったこと、歯を磨いたことなど、当たり前のことも、できるだけほめるようにし、「ほめコメント」にも書くようにしました。はじめはヘタな字で一行くらいしか書けなかった「ほめ日記」も、1か月くらいたつと、書く量も増えて、字もていねいになってきました。ケンカも減ってきて、クラスでも嫌われなくなったので、本当によかったと思い、担任の先生には心から感謝しています。　　　　　　　　　（2年生・Kくん保護者）

　「気になる子」の場合、保護者が真剣に取り組んでくれると、子どもの行動の変化は早く、勉強ものびると思います。とかく、問題のある子の母親は、周囲から非難されて孤立しがちで、不安でいっぱいです。教師と協力して「ほめコメント」を書くことで、母親自身の心の安定につながると思います。

（神奈川県・Kくん担任 N先生）

最初、教師のコメントは短くて大丈夫です。
当たり前と思うことでも、教師がほめるということで、
子どもは安心して書けるようになります。

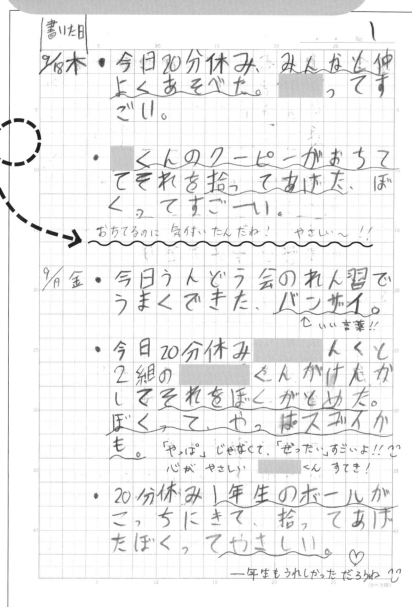

＊個人名のため　　　　にしています。

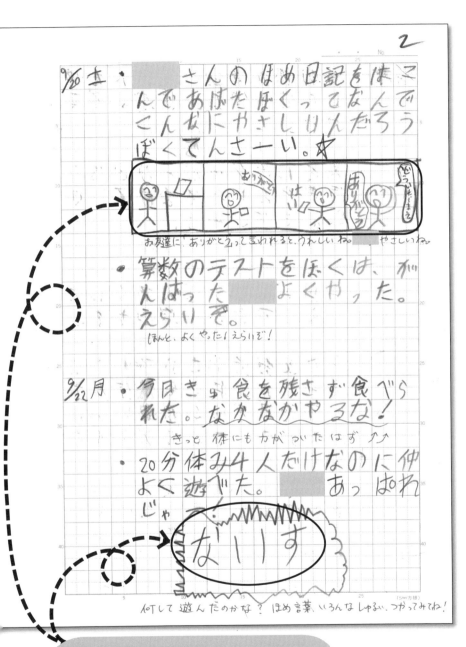

自分なりのキャラクター、ほめ言葉を
大きく書くようになり、
楽しんでいる様子が伝わってきます。

「ほめ日記」に慣れてくると、書く量がどんどん増えてきます。内容も表面的なことから心の動きや友だちとのかかわりについて書けるようになってきます。

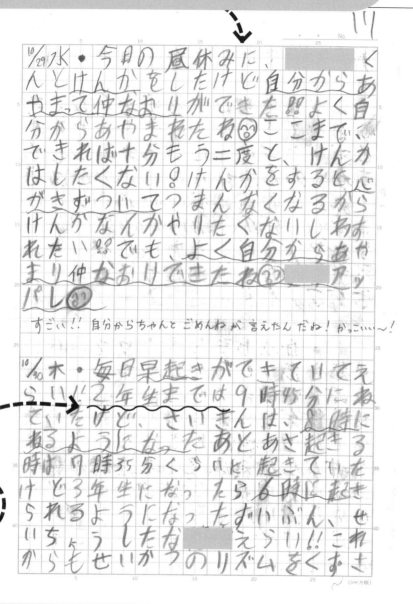

人と比べるのではなく、
昔の自分と比べられるようになってきます。

「ほめ日記」を書いている10分間は、「今は自分と向き合う時間だよ」と声かけをし続けたので、家に帰ってからも自分と向き合えるように成長していきました。

- 毎日きゅう食を毎日のこさず食べているぼくはえらい!!でもときどききゅう食の時間に間にあわなくて、きゅう食が食べれない子もいるから、その子の分ぼくはこれからもきゅう食をのこさず食べるようにしよう。ファイトー

- ほめ日記をはじめて、自分とむきあうようになった。ぜんぜん自分むきあえなかったけど3年生になって先生が考えてくれたおかげで自分とむきあう回数がふえた!!先生ありがとうございます。これからもねる前に自分とむきあうようにしよう。

えらい!ねる前に今までも自分と向き合えてたんだ!かっこいい?

● 実際に取り組んだ「トライアングルほめ日記」より

9/18 (木) きょうの朝れんの力をあしたの力につなげた自分ナイス！
　　えらい！朝早く起きてダンスの練習できてすばらしい！
9/19 (金) きょうあついダンスのれんしゅうがんば(あに)った。またりんごがふえたぞわった。
　　きょうきれいな字で青いカードに字をかけたぞ。これからもこのちょうしでがんばれ自分！
　　きょう家に帰ったらひみつの青いペンでべんきょうするぞ頭がよくなるようにがんばるぞ。
　　きのう学校も6時間目まであってならいごともあったのにしゅくだいぜんぶおわらせたぞわたし、てんさい。

今日はたくさん書けたね！成長してるぞ〜！ひみつの青いペンって何〜？また教えてね

顔文字や花丸、「！」「♡」「♪」などで
教師の気持ちを簡単に伝えることも有効です。
子どももまねして楽しそうに顔文字を書いています。

「嫌いな食べものが食べられた」というのは、目に見えて分かりやすい「ほめポイント」です。

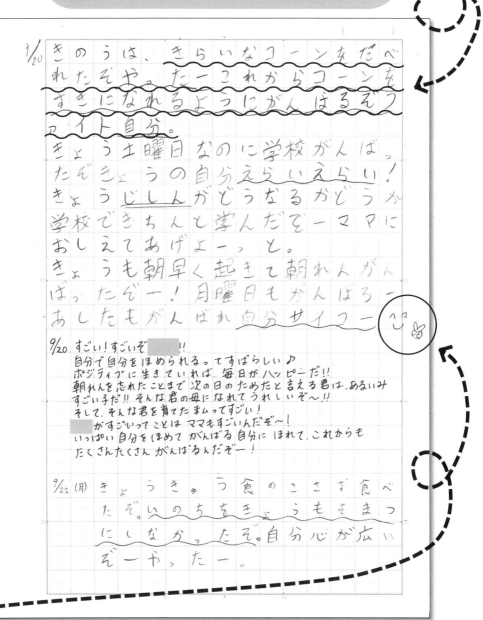

●実際に取り組んだ「トライアングルほめ日記」より

ちゃんとスポーツマンシップにのっとれていたから。例えば、□□君よ、自分が自己申告してしっかり「あたった」と先生に言われたとき、ごまかしてないか」と言われたと思う。□□は、ごまかさず「あたった」と答えていたに、あたった」と答えていた。そして、□□君も、自分でボールをキャッチしたときに、少し白組のところに入っていたのを自分で気付いて、白組の人にわたせていた。(もちろん、白組の人たちもそういう場面はあったはず。)だから、わたしは、赤組はとてもゆうしょうだと感じられた♡♡♡そう思えるわたしの思考すばらしい♡♡♡♡♡♡♡♡

そう！ いい考え方だね！ 勝負よりも大切なものを学べたね！

7/14(金)今日は1学期最後!!わたしは4年生のほめ日記の内容が、3年生のときより、こくなった気がす

る。そして、ほめ日記の大切さが3年生のときよりも、もっと分かった気がした♡♡♡そう思えるわたし、ほめ日記を通して成長しているね。そんなわたし、ファイト〜♡♡♡ほめ日記は、3年生のときから、わたしに当たり前の大切さを教えてくれる。生きていること、体が動くこと、しゃべれること。毎日の当たり前の大切さをほめ日記は教えてくれる。わたしは、ほめ日記を初めてからと初める前をくらべて今のわたしはだいぶ成長した気がした。そして、ほめ日記は、わたしの思考をかえてくれた!! 当たり前、当たり前と思って生きている毎日なんて楽しくない。これはすごいことなんだ!!と思いながら毎日をすごすと、とても楽しくなってくる!だから、ほめ日記に感しゃ♡ありがとう♡

「ほめ日記」に取り組んで1年も書き続けていると、自分の思考の変化に気づくことができるようになってきます。「毎日の当たり前は、当たり前じゃない」という教師が伝えたかった想いをしっかり受けとめられるまでに成長しています。

Column 2

「ほめ日記」で困難を乗り越える！——甑島・長浜小学校での取り組みから①

　川内港から東シナ海方向に、高速船で1時間半。甑島という島があります。上甑島、中甑島、下甑島と縦に三島に分かれ、私たちの長浜小学校は下甑側にあります。

　「トライアングルほめ日記」は、3年生（全員で11人）の年度末の3週間に取り組みました。取り組みから1週間もすると、子どもたちはみるみる明るく活発になっていったのですが、効果がはっきり現れたのは、3年生全員で行う劇の発表のときでした。

　浦島太郎が下甑にいたという設定で、「浦島太郎」の物語をベースにした劇を子どもたちと考えました。浦島太郎1人、乙姫3人、亀1人、ナレーター兼魚2人、漁村の子どもたち兼魚4人という配役で練習していましたが、なんと発表当日、インフルエンザとマイコプラズマ肺炎の流行で、11人中6人が欠席という事態に。出席できた5人のみでの発表となってしまったのです。亀役の子がお休みだったので、急遽、段ボールで作った亀に長いロープをつけて上手と下手から引っ張りながら、セリフはソデから担任の私が言うかたちで何とかしのぎました。乙姫も3人のところを1人で。ナレーターと漁村の子どもは、残された3人で行いました。セリフが止まってしまいそうな場面も、みんなでカバーし合いながらなんとか最後までやりとげることができました。

　こうしたアクシデントを乗り越えられたのも、「ほめコメント」を書き続け、自分たちのがんばりを認め、ほめ合いながら劇の練習をしてきたことがあったからだと思います。子どもたちは、間違いなく、心が強く、たくましくなっていました。「トライアングルほめ日記」の取り組みがなかったら、おそらく途中で気持ちが折れていたのではないかと思います。本番直前も、幕が開く前にステージにみんなで集まり、「やればできる！　きっと成功する！　休んでいる友だちの分までがんばろう！」と声をかけ合い、気持ちを一つにして臨みました。

　その後、子どもたちも私も「11人全員で発表したかった」という心からの願いがかない、再び全員で発表する機会をつくってもらって、本当の意味での達成感を得ることができました。

　「トライアングルほめ日記」の取り組みによって、明るくやさしく助け合う力が育まれ、クラスが一つになったのです。こうしたかたちで結果を出せたことが、とてもうれしく、たいへんよい思い出になりました。

（鹿児島県薩摩川内市立長浜小学校教諭・山下多賀子）

Chapter 2

クラスが変わる！
みるみるまとまる！

トライアングルほめ日記

① クラスがまとまる！実践のポイント①

一人ひとりの変化からクラスの変化に

　「トライアングルほめ日記」によって、クラスの子ども一人ひとりの心が安定し、自信がついてくるので、しだいに友だちにもやさしくなっていきます。すると自然にクラス全体が明るくなり、まとまりが生まれて、何か問題が起きても、荒れたりせずに、お互いに気持ちを伝え合い、子どもたちで解決できるようになっていきます。

> ・明るく活気のあるクラスになる
> ・お互いをほめ合い、思いやり、助け合えるクラスになる
> ・目標に向かって結束力が強くなる
> ・いいことへの行動（挨拶、掃除など）が積極的になる

クラスで「ほめ日記」を読み合う

　一人ひとりが取り組む「ほめ日記」を、クラス全員で読み合う機会などをつくって共有できるかたちにしていくと、さらに子どもたち一人ひとりのやる気が盛り上がり、プラス面が引き出されていきます。クラス全体もお互いを大切にし合うクラスに成長し、さらにまとまっていきます。

▶ 進め方
教師が子どもの「ほめ日記」を読む

　15分のうち、最初の5分は、子どもたちが前日に書いた「ほめ日記」の中から「これは、クラスみんなに知ってほしい！」と思った子どもの「ほ

め日記」を、名前を言って読みます（あらかじめ、書いた本人には「読んでいいかどうか？」を確かめます）。そうすることで、「ほめ日記」に書く内容のお手本になり、書く内容は豊かになっていきます。同時に、聞いている子どもが「○○さんはいい考えをもっているな。すごい行動をしているんだな」ということに気がつき、友だちのいいところを見つけて、認められるようになります。

　その後の10分間は、話をせずに静かな状態で各自が書きます。ついついおしゃべりをして集中できていない子どもには、「自分と向き合う大切な時間です！　しゃべらずにしっかり考えて！」と助言をします。そうすることで一人ひとり考えが深まり、自分の気づいたことをたくさんほめていくことができるようになります。

　なお、すべての子どもの「ほめ日記」を順次読むように心がけます。

子ども自身が自分の「ほめ日記」を読む

　クラス全員が「ほめ日記」を書けるようになった頃を見計らって、「自分の『ほめ日記』を友だちに紹介してもいいよ、っていう人いますか？」と声をかけます。きっと数人は手を挙げることでしょう。「自分をほめる日記だから、みんなに読んで聞かせるのは恥ずかしいよね。でも、紹介してくれるんだって。うれしいね。みんなで一生懸命聞こう」と話してから、始めます。

　はじめは、恥ずかしそうに読んでいても、友だちが「あ～、それ知っているよ」「あのことだね」「よくがんばっていたよね」などという表情で頷きながら聞いてくれていると、発表する子どもの顔つきに、みんなが認めてくれているという安心感と自信が表れます。

　さらに、教師のコメントを満面の笑みとともに読み上げると、教室中の全員の子どもが笑顔になります。すると、発表したい子の手がどんどん増えていきます。どの子も認めてもらいたいと願っているのです。

Chapter2　クラスが変わる！　みるみるまとまる！　トライアングルほめ日記　　**53**

② クラスがまとまる！実践のポイント②

「ほめ」の共有がクラスを高める

　発表会や展覧会などをすることで、一人ひとり子どもたちの「ほめ日記」の内容をクラスみんなで共有することができます。そのことで教室中が一気にあたたかい空気に満たされ、教師も子どもたちもニコニコ笑顔でいっぱいになります。個人の「ほめ」が集結して熱が高くなる感じで、それはまるで魔法のようです。

▶ 進め方
「ほめ日記」展覧会

　担任の教師だけが、子どものよさを知っているのはもったいないことです。「ほめ日記」で知った子どものよさは、どんどん学級全体に広めていきましょう。その方法はいくつかありますが、以下の4つがおすすめです。

　①学級通信で紹介して、クラスや保護者に広める
　②「ほめ日記展覧会」を開催し、お互いの「ほめ日記」を読み合う
　③「ほめ日記展覧会」中に、その子のよさを他の子がその子のノートに書き加える
　④教師が名前を隠して全員の前で「ほめ日記」を読み、誰のことかを当てさせるクイズをする

「友だちほめ日記」でさらにまとまりアップ

　自分の「ほめ日記」に慣れた頃には、「友だちほめ日記」にチャレンジさせるのもいいでしょう。クラスの中から誰か友だちを選び、自分ではない他者のことをほめるのはとても楽しいようです。

さらに「もっと、ほめられるかな？」と呼びかけると、子どもたちは教室中を見回してどんどん書き続けます。一人の友だちについて詳しく書く子、クラス全員の友だちをほめようとがんばる子、担任の教師をほめる子、それぞれのやり方ながら、どの子も熱中します。

▶ 進 め 方
「友だちほめ日記」のミニ発表会を行う
　学習が早く終わって少し時間があるときに、希望者による「友だちほめ日記」のミニ発表会を行います。書画カメラを使って日記を投影しながら発表すると、子どもたちは集中して聞きます。自分の名前が出てくると、思わず顔がほころびます。もしも、担任の教師をほめる文章が出てきたら、教師は最高の笑顔で聞くようにしましょう。10人くらい紹介したところで、教室はあたたかな空気で満たされること間違いありません。
　こうした取り組みを何回か行っていくことで、クラスの人間関係はとても明るく笑顔が絶えない状況に変化し、授業も、学級活動も、より意欲的なクラスになっていきます。

　これらの方法を続けていくと、クラスの人間関係は確実によくなっていき、教室の中のあたたかさが増しているのを実感できます。そして、そうしたクラスでは、いじめが発生しないと言っても過言ではありません。子ども一人ひとりに自信がついてきて、人と群れたり人を排除したりしなくなるからです。

Chapter2　クラスが変わる！　みるみるまとまる！　トライアングルほめ日記　　55

> 最初は、自分ががんばったことを書く子どもが多いです。
> 自分で自分を励ましているのが Good ！

7/13月・今日4時間目に習字をやった。でも、なかなか上手に書けなかった。でも最後までがんばって書いた。そのけっかめちゃめちゃ上手に書けた。その時ぼくはとてもうれしかった。これからもあきらめずにがんばろう！

ファイトーー

「あきらめないと、上達できる」ことが実感できてよかったです♡

7/14火・今日ほめ日記を聞いていたら、■君のことばっかりあった。そのうちのほとんどが階段をのぼったと言う話だった。ほかの子はぶつでしょと悪いことをみんなは、ほめられる。そんな3組はサイコー階段で、これ、■君パーフェクト

グッジョブ！

■君すごい！

そうなの。3組はどんな小さなことでもほめられるすてきな子達です♡

> 書き慣れてくると、自分だけではなく、クラスの友だちのよさを見つけられるようになり、さらにクラスの友だちをほめている学級全体をほめられるようになってきます。
> 学級をほめると、「このクラスでよかったー」という満足感や居心地のよさが感じられるようになります。

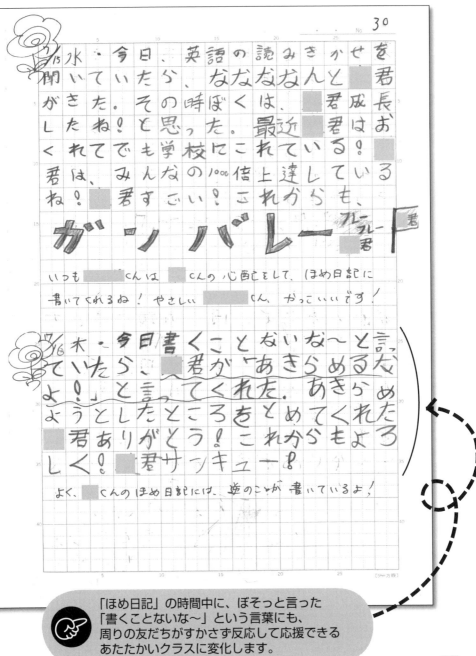

教室移動のときに、担任ではない先生に挨拶ができた自分たちのクラスのことをほめています。「ぼくのクラスってすごいんだ！」と思えるクラスには、力がどんどんわいてきます。

●実際に取り組んだ「トライアングルほめ日記」より

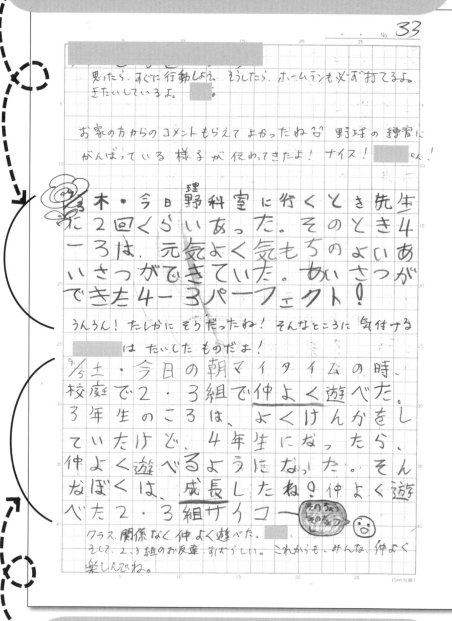

去年の自分たちと比べて仲よく遊べるようになったというのは、とてもすばらしい気づきです。
自分だけではなく、集団をほめる力も育ってきています。

席替えをして「○○くんと同じでよかった」と言われることほどうれしいことはありません。
「ほめ日記」を通して、男子も女子もとても仲よくなっています。

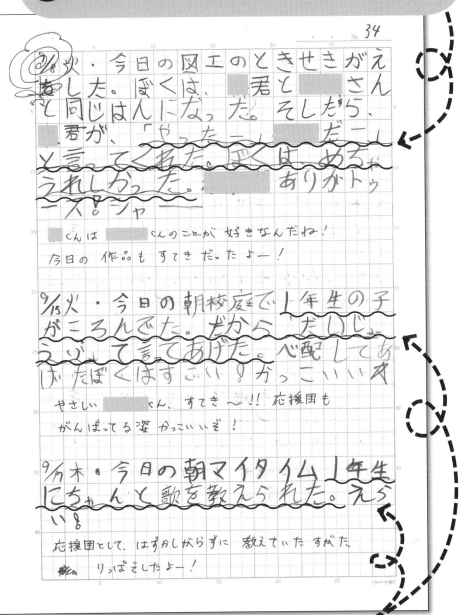

 4年生になって、下級生（1年生）にもやさしくできるようになってきています。

●実際に取り組んだ「トライアングルほめ日記」より

「かくことないな〜」と言っている友だちのよいところを
こんなにスラスラ書けるようになっています。
普段から友だちの悪いところではなく、
いいところを見つけようとしているから書けたのだと思います。
これを、クラスの前で読んであげることで、
書くことがなくて困っていた子は、自分のよさを再認識できます。

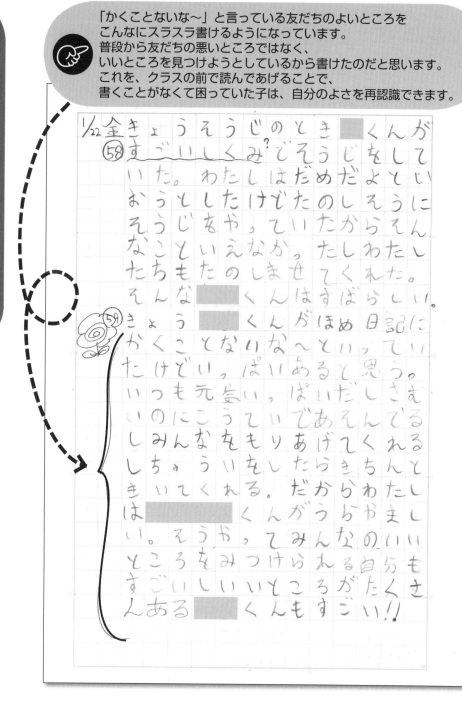

友だち同士のもめごとを助けてあげられる
やさしい行動がとれるようになってきています。
困った友だちに対してすぐに助けてあげる子がいるクラスは、
とてもあたたかいクラスだと思います。

いつも自分の良いところを見つけてほめられる■■はすごいね。
そして■■がみつけるお友だちのいいところを見ることができる
から、ママもお友だちの良いところをいっぱい知ることができるよ。
ほめ日記のおかげで■■が感じていること、お友だちがどんなに
すてきな子たちなのかがわかってたのしいね。
■■がどんな子にあこがれているのかよくわかるね。
■■はもっともっと いい子になりたいんだね。
でもママは■■がとてもいい子だって知ってるよ。
いつもは色々言っちゃうけど、■■の良いところいっぱい知ってるよ。
ほめ日記をよんでもっともっと■■がいい子だって気づいたよ。
これからもお友だちをそんけいできて、悪いところを注意することができて
こまっている時には助けてあげられる すてきな子でいてね。
人の良いところをすなおにきゅうしゅうできる すてきな■■がママは大好きだよ♡

1/26(月)
⑥ きょう走り高とびで■■く
んと■■くんがふざけすぎ
て■■さんがおこっ
てしまった。それで何度も自
分の気もちを先生につたえれ
ばといってもだめだった分
わたしがいおだったことと■
■■■さんがいやがってた
ことを先生にいえた。それで
■■■さんはあかげ
んきになって「ありがとう。」
といってくれてどういたしま
してといえた。そうやって人の
いやなことをいえてどういた
しましてといえる自分もすば
らしい■■

Column 3

スクエアほめ日記！——甑島・長浜小学校での取り組みから②

　甑島・長浜小学校の3年生全員（11人）で、年度末の3週間に実践した「ほめ日記」の取り組みとその成果については、Column 2（P50参照）でお話をさせていただきましたが、じつは、その取り組みの途中から、なんと校長も加わるかたちとなりました。

　まず、「帰りの会」の時間に子どもたちが「ほめ日記」を書き、放課後、担任の私がコメントを書き入れて校長にわたし、校長がさらに一人ひとりにコメントを書き入れて、週末に保護者のコメントが入るという流れで、トライアングルからスクエアでの「ほめ日記」となったのです。

　校長先生から直接ほめてもらったり、認めてもらえたという喜びが、子どもたちに大きな満足感をあたえ、より効果的なかたちでの取り組みとなりました。手塚さんがPTA教育講演会のために来島されたとき、子どもたちにも「命の授業」をしてくれたのですが、その講演会の後には、校長が次のように挨拶をしました。

　「3年生だけではなく、全学年の子どもたちに『ほめ日記』を書いてほしい。そして、中学生になっても、高校生、大学生になっても、ずっと『ほめ日記』を書き続けていってほしい」

　自ら進んで「ほめ日記」に参加し、そのすばらしさと効果を体感したことによって、「ほめ日記」の意義と願いを保護者の皆さんに熱く語ってくれました。

　引き続き、古賀校長とともに、甑島から全国に向けて「ほめ日記」の取り組みを広める活動を発信していきたいと意気込んでいます。

（鹿児島県薩摩川内市立長浜小学校教諭・山下多賀子）

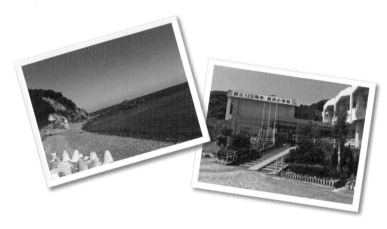

Chapter 3

保護者が変わる！
信頼関係が高まる！
トライアングルほめ日記

1 保護者も成長できる！実践のポイント

子どもをほめるとみるみるプラスの変化が起きる

　日頃、自分の子どもをほとんどほめていないという保護者にとっては、はじめは難題となるようですが、担任から「子どもをほめる」ことを協力依頼されているので、ほとんどの保護者が努力をしてくれます。

　我が子のよさやがんばる姿に目を向けるように心がけ、ほめることを実践することで、「私は今まで我が子をこんなにもほめていなかったんだ。親としての接し方を見直さなくちゃいけない！」と気づく方もいます。そして、しだいに、「ほめることで、子どもは苦手なことでもがんばる意欲が出てきました」「頭ごなしにガミガミ叱るのではなく、『ほめなくちゃ』と思うことで、私も少し気持ちに余裕がもてた気がします」という感想が多く届きます。

　子どもだけではなく、保護者の心もプラス思考に変化し始め、親子でポジティブな変化を感じられるところが「トライアングルほめ日記」のよさです。

- 子どもを信頼し、ポジティブ思考で見られるようになる
- 子どもをほめていない保護者も、ほめ言葉が出るようになる
- 子どものダメな面ばかりを見ている保護者も、子どものよさやがんばる姿に目を向けるようになる
- 子どもの学校生活や勉強ぶりがよく分かるようになるので、安心感がもてる
- 教師に対して信頼と尊敬の気持ちを抱く

> **保護者の声**

●最初に「ほめ日記」の趣旨を聞いたとき、家族で「すばらしいね!!」と話しました。普段は忙しく、なかなか学校でのようすを知ることができない主人にも、ときどき「ほめ日記」を読んでもらいます。子どもの成長を感じるよいきっかけづくりになっています。　　　　　　　　　（3年生の保護者・Sさん）

●子どもは、不安なときなどに、自分で自分に「よし、俺なら、できる!!」とか「よし、がんばろう」などと、落ち着いて、自分にプラスの励ましをすることが「ほめ日記」のおかげでできたことがありました。それは、3年生の終わりの春休みのフォレストアドベンチャー（森の中のアスレチック）のときで、とても難しい場面を、落ち着いて、勇気をもって、一つひとつやりとげました。幼稚園の頃は、跳び箱で1回失敗すると、先生がどんなに励ましてもやろうとはせずに、時間が終わってしまう姿を見ていましたので、とても感動し、すばらしいと思いました。この力さえあれば、生きていけると思っています。

（4年生の保護者・Mさん）

●「こんな言葉をつかえるようになったんだね〜、成長したね〜」など、子どもも、親も、「ほめ日記」という共通の話題ができてよかったです。ときには書けなくて苦しんで（?）いますが、それもまた大切な経験だと思います。書けない日も、書くことがいっぱいの日も、乗り越えて「継続している」ことが将来役に立つと思います。「ほめ日記」から学ぶこと、付加価値は大きいと思います。このようなすばらしい企画を進めてくださった先生に感謝しております。ありがとうございました。

（4年生の保護者・Sさん）

Chapter3　保護者が変わる！　信頼関係が高まる！　トライアングルほめ日記

② 保護者も成長できる！「ほめコメント」のポイント

ひと言でも子どもはうれしい

　「お子さんの『ほめ日記』に『ほめコメント』を書いてください」と急に言われると、「難しそうだ」と不安になる保護者は少なくありません。まずは、「はじめは、ひと言でいい」ということを伝えて、安心してもらいましょう。

　また、教師が書くコメントをまねて書いてもらうこともおすすめです。たとえば、Yくんが「こぼれた牛乳をふいたぼくはえらい」と書いたとき、それに対して教師が「Yくん、えらかったね」とコメントしたら、保護者は「ほんとにえらかったね」と書けばそれでOKです。

子どもをほめる楽しさが分かってくる

　はじめのうちは、保護者にとって慣れないことなので、負担に思う人もいるかもしれません。しかし、「トライアングルほめ日記」の取り組みによって徐々に子どもの行動や内面、勉強の仕方などにプラスの変化が見えてくるので、「子どもの成長に必要なことなのだ」と理解されます。そして、それ以上に、子どもの変化によって、保護者自身が喜びを感じていきます。そうするうちに、気がつくと「ほめコメント」も楽しく書けるようになり、家族全体が明るくまとまるきっかけになっていきます。

保護者
の声

●保護者会で「トライアングルほめ日記」のお話を聞き、とてもすばらしいことだと思いました。ついつい誤字や文章を直したくなるのを、「これは作文の課題ではない。ほめることが上手になるための取り組みなのだ」と言い聞かせながら、「ほめコメント」を書きました。子どもは私の手伝いを進んでしてくれるようになったので、ほめる効果は大きいと思いました。先生がおっしゃっていたように、ポジティブな文を読んだり書いたりすると、幸せな気持ちになります。私自身、否定的な言葉が多かったなあと反省し、ポジティブに変えていくいい機会になりました。すばらしい取り組みを、ありがとうございました。

（2年生の保護者・Yさん）

●どうしても子どものできないことばかりに目がいってしまい、ほめるコメントを書くのは、はじめは思いのほか難しかったです。先生が書いてくださる「ほめコメント」をまねして、同じ言葉を書くことが多かったですが、子どもはそれでもうれしそうでした。学年の終わり頃は、私もほめることに慣れてきたのでラッキーでした。今度、家族全員でほめ合うことをやりたいと思います。

（2年生の保護者・Tさん）

●つい、子どもたちに「あれはダメ！　これはダメ！」と言って行儀よくさせようとしていたことに気がつきました。ダメなことはダメなのですが、それよりも子どもたちのよい面を見つけてほめることが先だと思いました。そうすると、子どもは「してはいけないこと」の理解が早くなるようです。私自身も自分が抱えていたストレスフルな問題が解決するという好運に恵まれました。

（3年生の保護者・Eさん）

3 保護者もさらに成長！「ほめ日記」のススメ

保護者自身が「ほめ日記」を書く効果

　保護者が、自分の子どもの「ほめ日記」の「ほめコメント」を書くだけでも、もちろんプラスの発見や変化を得ることができますが、保護者自身が自分自身をほめる「ほめ日記」に取り組むことで、さらに保護者自身が大きな自己発見や成長を体験することができます（P86 〜 99 の座談会参照）。

　教師は、保護者会などで「トライアングルほめ日記」についての説明と合わせて、できるだけ保護者自身にも「ほめ日記」を書くことをすすめていくといいでしょう。保護者自身や子どもに対する見方が肯定的になるだけではなく、「トライアングルほめ日記」に対する理解もより深めてもらうことができます。

保護者の声

　●前向きな気持ちになりました。周りを気にすることが多かったのですが、「うちはうち。うちの子はうちの子」という気持ちで、よそのお子さんと比べて「うちの子はどうして……」と思うことも減りました。私の気持ちがラクになったのと同時に、子どもへのほめ言葉が増えたので、子どもものびのびしてきました。「ほめ日記」はこれからも続けるつもりです。

（１年生の保護者・Ｙさん）

　●「ほめ日記」を書くことで、落ち込む自分をふるい立たせることができるようになりました。今は、毎日書く習慣がついているので、自然に気持ちの切り替えもうまくできるようになっています。

（２年生の保護者・Ｋさん）

●はじめのうち、自分をほめることが気恥ずかしいと思うことはあったのですが、自分は今日、こんなことをがんばった、こんなことを感じたとほめることで、自分にも、家族に対しても、やさしく前向きになれたと思います。よいところ、ステキだなと思うことに目を向けることは、とても大事なことだと感じます。

（2年生の保護者・Sさん）

●毎日、家事、子育て、パートの仕事と、自分のことを取り立ててほめることなどないと思っていましたが、先生に、「当たり前のことをほめるのですよ」と教えていただき、「ほめ日記」を書いてみて、毎日のふつうの生活の中にもほめることがいっぱいあることに気がつきました。自分をほめていると、子どものほめる点もたくさん見つかり、「ほめコメント」も書きやすかったです。子どもに対して、以前よりやわらかい対応をするようになりました。

（3年生の保護者・Mさん）

●はじめはちょっと恥ずかしく、抵抗感がありましたが、子どもの教育にプラスになるとお聞きして、書いてみました。いつも同じようなことばかりほめていましたが、それでも書いているうちにいろいろな発見がありました。毎日健康で何かできるということはすごいことなんだ、家族が全員健康で本当にありがたいと、心から思うようになりました。子どもの成長に対しても、今までは足りないところばかり見ていましたが、ちゃんと育っていることを心からうれしいと思い、子どもへのいとおしさが増しました。「ほめ日記」を教えていただいて、本当によかったです。

（4年生の保護者・Kさん）

Chapter3　保護者が変わる！　信頼関係が高まる！　トライアングルほめ日記　　**69**

「ほめ日記」を続けていくと、日頃、自分がいろいろな人のお世話になっていることに気づけるようになります。
働いたり、家のことをしてくれたりしていることへの感謝の気持ちが「ほめ日記」に書かれていれば、保護者の方々の日々の疲れや子育ての悩みが吹き飛ぶことでしょう！
「ほめ日記」を通して、親子間のコミュニケーションも高まります。

●実際に取り組んだ「トライアングルほめ日記」より

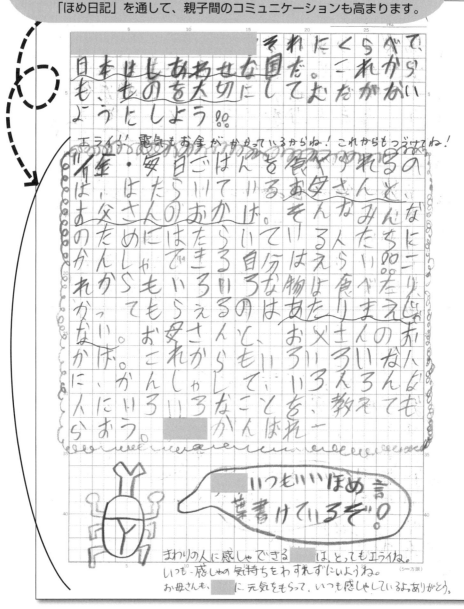

「毎日学校に行く」ことも実は当たり前ではなく、「ありがたいな。当たり前じゃないんだな」と気づくようになります。
それは、普段の授業の中ではなかなか気づけないことなので、すごい成長です。読んでいる保護者も
「そんな深いことを考えているんだ！」と驚く方が多いです。

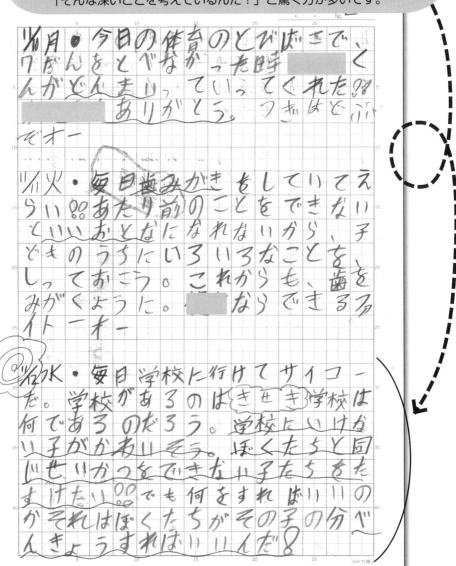

「ほめ日記」を書き続けていくと、「自分自身と向き合うこと」ができるようになります。自分の苦手とどう向き合うか、どう努力をすればいいのか、自分の進むべき道が見えてきます。
「我が子が何を考え、どんなふうに自分と向き合っているか？」が、「ほめ日記」を通してよく伝わります。

●実際に取り組んだ「トライアングルほめ日記」より

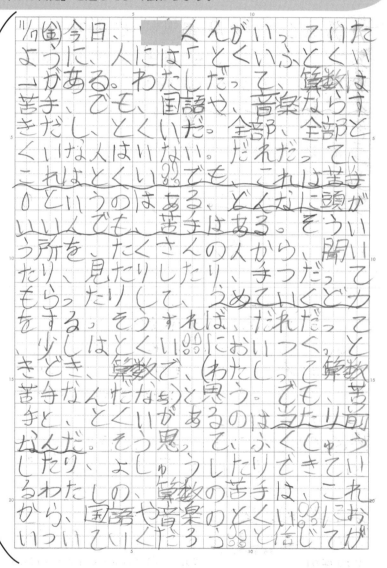

がんばれるわたしはエライご!!

今日はとても素敵なお話を聞かせてくれたね。○○が飛び箱ができなくて困っていたら、同じ班の女子たちが熱心に教えてくれて、応援してくれて、これまで飛べなかった飛び箱を初めて飛ぶことができるようになってね〜! とても嬉しそうに話してくれて、ママも嬉しい気持ちになりました。そして支えてくれたお友達に感謝だね!! そういう優しさをこれからも、持ち続けられるといいね!!

（お互いに）

11/10(月) 今日の朝、お茶をこぼしちゃったけど、お父さんはわたしのことを信じて、「ごめんなさい」でゆるしてくれた。金曜日のピアノの練習でも先生は、わたしを信じて、できる!!と思って、わたしにむずかしい課題を出してくれた。わたしの周りにいる大人や、友だちは、み〜んなわたしを、信じてくれていると思う。

自分をほめると、自分を好きになり、自信もわいてくるので、プラス思考で物事を考えられるようになります。
周りの大人に対しての信頼感も育ちます。

Column 4

中学生も「ほめ日記」にチャレンジ！──鹿児島のある中学校での取り組みから

　来年は中学3年生。生徒たちが受験勉強で追い詰められることがないように、自信をもって最後の1年が送れるように、そして、そのためには少しでも自分自身のよさを知っておいてもらいたい……。そんな気持ちで生徒たちに3週間「ほめ日記」をつける課題を出しました。今回は、「トライアングル」での取り組みではありませんでしたが、教師の私自身も「ほめ日記」を書きながら、生徒の「ほめ日記」に「ほめコメント」を夢中で書き続けた3週間でした。

　始めてすぐは、私自身が自分で自分をほめることが難しいと感じてしまい、生徒たちもできるかどうか心配がありましたが、実際に取り組んでいくと、そんな不安はたちまち払拭され、非常に意欲的に楽しく取り組むことができました。こちらが想像する以上に子どもたちの頭は柔軟で、「ほめ日記」を実践し始めたときから、戸惑うことなく、どんどん書いていくのです。そうした生徒たちの「ほめ日記」からは多様な視点があふれ、私自身にいろいろな気づきをあたえてくれました。

　とくに驚かされたのが、日記の内容が、初期の段階では主に自分の行動自体をほめることが中心であったのが、次の段階では自分の考え方をほめるようになり、さらに次の段階では自分の身体的なことや容姿までもほめるようになって、最後には、集団や他者をほめながら、そこにかかわる自分自身をほめるという自己尊重感にあふれた記述が見られたことです。

　そして、何よりもすばらしい結果として、「ほめ日記」の取り組みをきっかけに、生徒たち同士の関係が良好な状態に保たれ、クラスの仲間が発する言葉に対する冷やかしやからかいなどの中傷的な発言が減っていきました。確実に、「ほめ日記」の実践によって、クラス全員がお互いを認め合い、尊重し合うあたたかい雰囲気が生まれていったのです。

　生徒たちの輝く姿から、その取り組みにおける有意義な成果をしっかりと感じ取ることができました。

（鹿児島県公立中学校教諭・S. N.）

Chapter 4

教師自身が変わる！
学級経営もうまくいく！

トライアングルほめ日記

① 教師自身が成長できる！実践のポイント

「トライアングルほめ日記」ですべてよし

　教師は常に多くの仕事を抱えているのが現状です。そのため、さらに「トライアングルほめ日記」にまで取り組めないと思われる先生も多いかもしれません。

　しかし、実践してみると、その心配や不安は杞憂であったと気がつかれることでしょう。つまり、この取り組みをすることで、子どもたちや保護者とのコミュニケーションが良好になり、喜びが増えるだけではなく、ストレスが緩和されて、仕事へのモチベーションはどんどん上がり、学級経営の悩みが解消されていくからです。

> ・子どもを見る目が多角的になる
> ・子ども一人ひとりのよさを把握できる
> ・子どもとの関係が深まる
> ・子どもたちの「ほめ日記」を読み、「ほめコメント」を書く作業によって、他のことでは得られないあたたかさや喜びを胸に感じることができる
> ・保護者との距離が縮まり、信頼も築かれて、関係が良好になる
> ・保護者会などで話をすることがラクになる

　人間の脳は、「ほめ言葉」を「報酬としてキャッチする」と脳科学的に証明されています。子どもが書いたほめ言葉を読む、自分がコメントでほめ言葉をつかう——このことで大脳の報酬系が反応し、心身に非常にいい影響をもたらします。

教師の声

●子どもが好きで教師になったので、子どもたち一人ひとりの顔が、輝いてくるのを見ると、僕のほうもうれしくなります。ちょっと緊張関係にあった保護者の方とも関係が改善できました。保護者とのコミュニケーションに役立つ手段になると思います。

(滋賀県・T先生)

●時間はとられますが、「ほめコメント」を書くときは、私自身が楽しい気持ちになります。子どもたちの授業の反応も分かるし、目の届かない部分を知ることもできます。書き終わると、気持ちも頭もスッキリします。学級経営の基盤として、私は毎年続けていきたいと思います。

(栃木県・S先生)

●今まで子どもたちと、少し距離があったように思います。しかし「トライアングルほめ日記」を始めると、子どもたちのほうから自分に近づいてくれるし、子どもの側から距離を縮めてもらった感じがしています。私のほうも、子どもたちへの愛情が大きくなり、スキンシップが増えました。今までと比べると、とても平和で穏やかなときが多くなりました。

(東京都・F先生)

Chapter4　教師自身が変わる！　学級経営もうまくいく！　トライアングルほめ日記　77

② 教師自身が成長できる！「ほめ日記」のススメ

教師自身が「ほめ日記」を書く効果

　教師といっても、もちろん一人の人間ですから、ストレスをためている人、ほめ言葉をつかえない人、自信をなくしている人、学級経営に悩みを感じている人など、さまざまです。

　保護者にも「ほめ日記」をすすめるのと同じ理由で、教師も、自分自身の「ほめ日記」を書きながら、子どもとかかわっていくようにしましょう。

　教師自身が、自分の「ほめ日記」を書くようにすると、ストレスの緩和はもちろん自己発見につながり、それが私生活の面でプラスになると同時に、学校現場やクラス経営に大きなプラスをもたらします。

・ストレスが軽減する
・教師自身の自己尊重感が高まる
・クラスの子どものことをじっくり考える余裕が生まれる
・子どもの可能性を信じる力が強くなる
・子どもを多面的に見ることができるようになる
・さまざまな不安が解消する
・学級経営に自信がつく

教師の声

●私自身、「ほめ日記」を毎日手帳に書いています。おかげで忙しい年度末も、例年のようにストレスでグッタリすることもなく、わくわく元気に仕事に取り組めました。「ほめ日記」についての本にも書いてあった通り、書き続けることで「ほめ回

路」ができ、ネガティブ思考が出にくくなったようです。うれしいことが不思議なくらい起きて、ハッピーの連鎖でした。いろいろな困難にも前向きに向かっていくこともできました。

（大分県・Y先生）

●私が「ほめ日記」を書いてみて変わったこと。
 ・日々、わくわくするようになった
 ・何でもありがたいと感じ、感謝の気持ちが増えた
 ・前向きになった（昔あった嫌なことをひきずって悩んでいたこともあったが、悩む時間が減った）
 ・周りに対して「○○してくれてありがとう」「○○が上手ですごい！」「○○さん、すばらしい！」などプラスの言葉がたくさんかけられる
 ・周りで困っている人に対して積極的に声かけや手助けができるようになった

（東京都・F先生）

Chapter4 教師自身が変わる！ 学級経営もうまくいく！ トライアングルほめ日記 79

> **実践事例1**
>
> ●数年前の夏休みのある研修会で手塚さんの「ほめ日記」と出会いました。「トライアングルほめ日記」について説明される手塚さんのやさしい言葉に、講演会の最中に涙を流して感動するくらいの衝撃を受けました。講演の後のワークで、たくさんのほめ言葉を自分にかけていると、疲れがとんでいき、心や体があたたかくなったように感じました。手塚さんの「日本の教育は、『弱点、欠点を見て、そこを直そう』という指導が多い。しかし、自己尊重感がないと、安心して自分の弱いところや欠点を見るのは難しい。逆に常にプラス面をほめていると、弱いところ、欠点を安心して見られる」という言葉にたいへん共感し、「ぜひ、2学期から『ほめ日記』をスタートさせよう！」と決意しました。その前に、自分も夏休みの間、「ほめ日記」を書くことにしました。

《書き始めた頃の「ほめ日記」》

＊自分をほめることにまだ慣れていないのが、短い文章に表れています。

・今日は朝から早起き！　エライ！！　休みなのに！！　10時から11時までボランティアの伴走で9㎞走った！　その後、午後から2時間水泳指導！！　お休みにボランティアしている私、輝いているね！（というか、子どもたちに癒されているのです）そんな心の豊かさ、いいぞ〜！！

・今年は4年生ではじめての習字の学習をした。ポイント印刷した紙を渡して詳しく教えられた！　そうしたら、みんな上手に書けたー！！　去年からビシビシ指導してきてよかったなぁ。「子どもの成長が一番うれしい」と思える私、教師にぴったりな性格だね。

・朝、通学路を歩いていたら、風とカラス（？）のせいでプラスチックごみが道いっぱいに散乱していた。心の中の私が「う〜〜ん。汚い。誰か片付けてくれないかなぁ」と思った。しか

し、そのとき、うちのクラスの子ども二人が来たので、「ここで手本を示すしかない！」と教師スイッチが入り、「おーい、〇〇くんたち、ちょっと手伝って〜」と呼んで、三人で散らかったごみを片付けた。袋が破けていたから、私が持っていたスーパーの袋の中にごみを入れて片付けた。正しい行動をきちんととれた私、よくやったよ。

《最近の「ほめ日記」》

＊最近の「ほめ日記」は、文章が長くなってきました。

・ほめ日記で子どもたちがどんどん変わってきた。友だちに対してやさしくなったし、友だちのいいところをたくさん見つけてほめ日記に書けるようになってきた。いいなと思った日記をみんなの前で読むことは、いい行動、いい考えがクラスみんなに広まる。それを考えて、実践できている私はさすがだね！　そして、子どもたちが、どんどんかわいく感じてくる。普段、怒ることが多い子でも、ほめ日記の中だけではたくさんほめてあげることができる。どんな些細なことでも、当たり前と思えることでも、思いっきりほめてあげられる。「それが幸せだな」と感じられる。本当にありがたい、ありがたい。

・今日は子どものもめごとを解決すべく、30分間じっくり話を聞いて、私が伝えたいことを言葉と文と絵を入れて伝えた。その子がしっかり反省して、やさしくなっていけるように、これからも諦めずに指導を続けよう！　心の徳をすり減らさないように、徳が積める生き方をさせたい！　すべては必然で意味があって、子どもたちもぶつかり合っている。何度も話し合いをし、お互いのことを理解していき、成長していってほしい。昨日から何を話そうか、家でも考えられる私、よくやっているよ!!　その調子、その調子。　　　　　　　　　（東京都・F先生）

実践事例2

●私と「ほめ日記」のつきあいは、15年くらいになります。手塚千砂子さんの講座を受けて、はじめて「ほめ日記」を書いたとき、てれくさい感じがしましたが、どんな発見があるかやってみようと書き始め、それからずっと続けています。

はじめのうちは、毎日書いていました。正直な自分と向き合えるので、心がほぐれる感じがして、ストレスがやわらぎました。

何年かほとんど毎日のように書いていましたが、そのうち書かなくても「自分をほめる回路」ができたのか、自動的に私の脳は自分を認め、ほめるようになり、マイナスの出来事があってもすぐに切り替えられるようになりました。

今は、とくにネガティブな思考に陥りそうだと感じたときに、集中して「ほめ日記」を書いています。

気がかりなことが脳を占拠しているなと気がついたら、その日の自分を振り返り、結果だけではなく過程や思いをていねいに見ながら自分をほめます。すると波立っていた心が落ち着いてきて、ネガティブな思考の堂々巡りを止めることができます。

他のことがらにも目が向いたり、自分らしさを再発見したりして、本来の自分にもどることができます。

《書き始めた頃の「ほめ日記」》

＊自分をほめることにまだ慣れていないのが、短い文章に表れています。

・いい授業のために一心に気持ちをもっていけた、誠実だね。
・疲れを感じたので休んだこと、花丸。
・朝陽、朝焼けの美しさに気づいた。ゆとりができたね。
・不愉快なことに腹を立て、表現することができた。えらい！
・子どもたちの「ほめ日記」を楽しみに読んでいるね。わたし、すばらしい。
・個人面談で、お母さんたちと楽しみながら話をできている私だね。すてきだね。

・明るいうちに退勤できた私、やったね。やるじゃん。
・眠くなったら寝る暮らしができている私、すばらしいね。

《最近の「ほめ日記」》

＊最近の「ほめ日記」は、文章が長くなってきました。

・疲れた心と体を休ませてあげているんだね。すばらしいよ。心やさしい私だよ。
・やはり、右手は痛いよね。だから、サポーターをして守ってあげているんだね。それでいいんだよ。自分にやさしくしてるね。
・いやなこと、苦しい思いがぐるぐると何回もめぐっていることに気がついているんだから、大丈夫。あと少しでそれを断ち切れるよ。「ほめ日記」に集中しようとしている私、自分を大事にしているね。
・風や雲を感じて、お休みの日の特別な風景を見て味わえる私、今をとても大切にしていて、すてきよ。
・3連休めちゃめちゃ休んだね。働きすぎの私には必要なお休みだったのよ。ゆっくりできて、ほんとうによかった。頭の中の気になることを外に出すことってとても大事だからね。休むことのできる私さん、すばらしいね。
・気になる仕事をみごとに一つもしなかったね。ブラボー！！お休みなんだから、それでいいんだよ。メリハリつけられる私、カッコイイ！

（東京都・O先生）

Chapter4 教師自身が変わる！　学級経営もうまくいく！　トライアングルほめ日記　　**83**

Column **5**

「教師は向いていない！」と葛藤する中で

　教師歴３年目にして、自分が描いていた教師生活のイメージが木っ端みじんに砕かれ、「私は教師には向いていない！」「もう辞めよう！」と思うまでに追い詰められてしまいました。

　担任となった３年生のクラスは、いわゆる学級崩壊と言われる状態で、学年主任にも相談しながらなんとか対応していましたが、ある日、気がつくと、否定的な気持ちしか出てこない状態になっていたのです。

　そんなとき、他学年の先生から「ほめ日記」のことを教えてもらい、取り組んでみることにしました。

　「授業の準備、ちゃんとやったね。えらかった！」

　「まじめに勉強している子どもたちのほうに目を向けて、今日も１日がんばった！」

　「○○さんと話しているとき、久しぶりに笑顔が出たね。ステキな笑顔だよ！」

などというように、毎日毎日自分自身についての「ほめコメント」を書き続けました。子どもたちと行う「トライアングルほめ日記」の話も聞いたのですが、まだそこまでの余裕はなかったので、まずはひたすら自分の「ほめ日記」を書き続けたのです。

　数か月後、ふと、気持ちがとてもラクになっている自分に気づきました。マイナス思考から抜け出せていて、またがんばろうという気持ちになれたのです。クラスの子どもたちに対しても、勉強や行動について、具体的にほめる心の余裕も出てきました。

　結局、最後まで「授業中に暴言を吐いて騒ぐ子」に改善をもたらすことはできませんでしたが、他の子が「騒ぐ子」の言動に乗らなくなるなど、一定のところで食い止められるレベルにまでクラスを改善させていくことができたと思っています。

　教師が「騒ぐ子」にエネルギーを吸い取られ、弱ってくると、他の子どもたちも便乗して騒ぎ出すという負の連鎖が起きますが、私は「ほめ日記」の取り組みからそうした状況を食い止め、自分自身のエネルギーを保持することができました。これは、非常に幸運なことだと思っています。

　来年こそは、「トライアングルほめ日記」も実践してみようと、やる気もわいてきました！

(埼玉県公立小学校教諭・O. S.)

巻末付録

座談会
「トライアングルほめ日記」を実践して

Q&A

こんなとき、どうする?

参考資料
児童配付用説明プリント/ほめ言葉リスト/
保護者あてのお手紙/ほめコメントの例

座談会　「トライアングルほめ日記」を実践して

司　　会：こんにちは。今日はお集まりいただいて、ありがとうございます。

　　　　　吉田絵理子先生が担任するクラスで、１年６か月の間（１年生の後半から始めて、２年生の年度末までの期間）、「トライアングルほめ日記」に取り組まれたということで、保護者の方にもご参加いただき、いろいろとご感想などをお聞きしたいと思いました。

子ども、クラスに起きた
変化と成長

司　　会：担任の吉田先生から、「トライアングルほめ日記」の取り組みについて最初にお話があったとき、どのように受け止めましたか。

石井さん：吉田先生からお話があったとき、「ほめた～い！」と思いました。「ほめ日記」のことは、以前にテレビ番組でやっていたので知っていて、そのときから「やりたいな～」と思っていたんです。

　　　　　テレビではじめて知ったときは、「自分のことをほめていい

出席者	吉田絵理子（担任の先生）
	石井和香代（保 護 者）
	小池　幸恵（保 護 者）
	松田　由佳（保 護 者）
	手塚千砂子（司　会）

んだ〜」と目からウロコでしたね。

松田さん：私は子どもにダメ出しすることが多かったので、「ほめてください」と言われたときは、何を書いていいのか、正直わからなかったです。

　自分の「ほめ日記」には、「毎日同じことを書いてはいけないのかな〜？」と、最初はちょっと気が重かったです。でも、先生が「毎日同じでもいいんですよ！　気楽にやってください」と言ってくださったので、安心しました。

小池さん：ほめ慣れていないので、「ほめコメントの例」（P116 〜 117 参照）をいただいても、ほめ方が分からない。どこにこのコメントを当てはめればいいのか、戸惑いました。

石井さん：私も自分がこんなにもほめ方を知らないのかと、驚きました。ほめ慣れていないんですね。

　それでも、私は小さい頃、親戚の人に「かわいくない」と言われて傷ついたので、子どもたちには常に「かわいい」とは言い続けました。そうしたかいもあって、姉妹二人そろって「私たちはかわいい」と思っています（笑）。言葉って大切ですね！

座談会　**87**

司　　会：「トライアングルほめ日記」を実際に取り組んでみて、どうで
　　　　　したか？

石井さん：子どもの「ほめ日記」を見て、この子はこういうことに目を向
　　　　　けていたんだと、はじめて子どものことを知ったり、気づいた
　　　　　り、ということがあります。
　　　　　　例えば、「信号を守って歩いたのはえらい」と書いてあるの
　　　　　を見ると、ちゃんとルールを守る大切さを知っているんだ、と
　　　　　分かります。

松田さん：そうですね。私も「トライアングルほめ日記」で、子どものほ
　　　　　めるところはたくさんあったと、気づきました。逆に子どもに
　　　　　教えてもらったようにも思います。
　　　　　　「給食を残さないで全部食べてすごい」と書いてあるのを見
　　　　　ると、「家では好き嫌いがあるのに、学校では食べているんだ。
　　　　　すごいなぁ！」と感じます。

小池さん：そういうこと、ありますよね。子どもが書いているのを見
　　　　　ると、友だちのこともほめているので、改めていい子だなぁと
　　　　　思います。

石井さん：うちの子もクラスの子のことをよくほめます。「○○くん、こ
　　　　　んなことしたんだよ、すごいよねー！」と。それで私は「○○
　　　　　くんのいいところを見つけられるキミは、すごいよね〜」と、
　　　　　子どもをほめます（笑）。
　　　　　　クラスの子どもたちはみんな、本当に仲がいいですよね。悪
　　　　　いところは簡単に見つけられるけど、相手のいいところを見つ

けられるって、すばらしいですよね。

松田さん：子どもたちが助け合っていますね。風邪をひいて保健室に行く子がいると、積極的にその子のランドセルを運んだり、何か手伝おうとする。お互いに親切にし合っている感じがします。

吉田先生：そうです。子どもたちは誰かに親切にしたくてしょうがないという感じですね。

　　　　　例えば、給食のとき、誰かが水をこぼすと、さっとみんなで拭きに行くとか。図工のときも、作品作りに時間がかかっていて片付けができない子がいると、喜んで片付けを手伝うとか。早く終わった子は「手伝ってほしい人いますか」と言いながら、教室を歩き回っています（笑）。

　　　　　私の手伝いもよくしてくれます。ノートやプリントを配るときなど、みんな奪い合うようにやってくれます（笑）。

松田さん：うちの子は、感謝の心が育っています。「いつもありがとう、行ってらっしゃい」と紙に書いて玄関に貼って、「毎朝、これを見てね」と夫に言っています。夫は「毎朝これを見ると元気になる」とうれしそうです。家庭の中もあたたかくなりますね。

石井さん：親と子どもたちとの関係や、子どもたちと先生との関係も、いい面を見るようになるので、すごくよくなりますね。保護者同士もとてもよくまとまっていると感じます。30組の親子ですから、何かしら問題があってもおかしくないと思いますが、「トライアングルほめ日記」というツールによって、クラスにいいまとまりができたのだと思います。

座談会　89

「ほめ日記」で心に余裕が生まれるので、立ち止まって自分を見たり、他の人を思いやることができるんですね。

　　　周りの保護者の方々からも、「石井さんのクラス、本当に仲がいいよね。なんでそんなにみんな仲いいの〜」と言われたことがあります。

　　　子どもは、吉田先生を好きだし、進級でクラス替えになることへの不安があったほどです。

松田さん：子どもは、先生から「ほめコメント」をもらえることが、すごくうれしかったようです。それによって自信がついたと思います。

　　　クラスが替わっても「ほめ日記」を書き続けると言って、吉田先生が作ってくださったものと同じように、自分で「ほめ日記ノート」を2冊作り、そのうちの1冊を「ママも書いてください」って渡されました（笑）。

一　　同：え〜〜っ！　すごいね〜！　（笑）

松田さん：私が書いた「ほめ日記」に対して、「えらかったね」など、先生役になって「ほめコメント」を書いています。

　　　（一同大笑い）

　　　私は今まで通り、子どもの「ほめ日記」に「ほめコメント」を書いています。お互いに書き合うんです（笑）。

司　　会：子どもさんと「ほめ日記」を書いている親御さんには、子どもさんの「ほめ日記」に「ほめコメント」を書くことを、私はおすすめしているんですが、松田さんのところのように、親子で

「ほめコメント」を書き合うというのもいいですね〜。親子の楽しい会話も増えて、その上、子どもの自己尊重感が育ちますから、すばらしいです！

松田さん：これからどうなっていくか、楽しみです。

「ほめ日記」の取り組みによる
保護者としての変化・成長

司　　会：保護者の方も、「トライアングルほめ日記」とは別に、ご自身の「ほめ日記」も書かれたのですよね。

　　　　　ご自身の気づきや、子どもさんの"プラスの変化"などについて、お聞かせいただけますか？

松田さん：私自身、1年くらい「ほめ日記」を書いているうちに、子どもが些細なことでもできることが、すごいんだと思えるようになったので、子どもへの見方が変わりました。

　　　　　昨日より今日はここまでできるようになったんだと、受けとめるようになったので、子どもへの小言や注意が減りましたね。子どもの話を子どもの目線に立って聞けるようになったので、親子にとって大きなプラスです。

　　　　　子どもの変化としては、子どもが自信をもって、いろいろなことを話してくれるようになりました。それを今まで聞いてあげていなかったことにも気がつきました。子どもが話しかけてきても、私の小言が先に出ていたので、「自信をもって楽しそうに話す」ということができなかったんですよね。

座談会　91

また、子どもは粘り強くなりました。以前は、何かできないことがあると「できない」と言ってそれ以上やろうとしなかったのですが、最近は「明日はここをやってみる」という言葉が多く出るようになりました。

　鉄棒にしても、今日は足が上がるようになった、次はこうする、ああすると、私に言われなくても自分で目標をもってがんばる姿勢が見えてきました。

　もう一つの大きな変化は、失敗したことや、できなかったことをよく話すようになったことです。以前はそんなことを話したら怒られると思って、黙っていたんですね。

　また、夫は、子どもと私の「ほめ」の会話を聞いていて、ちょっとしたことでも「えらかったね」と、子どもをほめる声かけが増えました。

小池さん：私は半年くらい「ほめ日記」を書いています。気持ちが沈んでいるときは、とくに書くようにしています。書くと気持ちが上がり、前向きな私になれます。でも、すごく落ち込んでいるときは1〜2行しか書けず、その程度では気持ちは上がってきませんね。そんなときは、ほめ100本ノック＊に挑戦します。

　バーッと書いていくと、だんだん体があたたかくなってきますね。で、どんどん書いていくと気分も前向きになってきます。これはいけます！

　昔の苦い経験を思い起こすたびに、気持ちがワーッとなっていたのですが、この「ワーッ」が減りました（笑）。

　それから、子どもにかける言葉が変わりました。感情で怒鳴ったり、当たってしまったりすることがあったのですが、それがコントロールできるようになって、叱るときにも子どもの顔

をちゃんと見られるようになりました。

　波はまだまだありますが、怒鳴っているだけではなく、落ち着いて子どもを諭すことが増えてきました。そうすると子どもも素直な態度になって話を聞いてくれますね。

　また、「ほめ日記」をつけていると、他の人のいいところにも気がつくようになります。夫の仕事のたいへんさにも思いやりがもてるようになって、それを言葉に出せるようになったのも、大きな変化です。

　前は子育てのストレスを夫に八つ当たりしていたんですが、夫に対して少しやさしくなりました。今は、子どもより夫のほうにやさしくなっています（笑）。前はひどかったから（笑）。

　　　＊ほめ100本ノック：ほめることを一度に100個、集中して探して書くこと。

石井さん：私はもともとうつっぽかったので、ネガティブな考え方が強かったのですが、気づいたらポジティブになっていましたね。外に出たくない、太陽にあたりたくないと思っていた私が、今は雨の日も風の日もヨガに出かけています。そのくらい変わりました。

　「ほめ日記」を書くだけではなく、声に出してほめ言葉を自分に聞かせるように音読もしています。そういう効果でしょうか、今は、ネガティブな私はまったくなくなり、毎日「よくがんばったわ〜」と思える生活をしています。

　また、「ほめ日記」を書いて、何に対しても感謝する気持ちが増えましたね。普通の生活に感謝する気持ち——今自分が置かれている立場がありがたいと思っています。

　子どもも元気だし、夫も健康で仕事をしているし、家庭も円満で、私がやりたいことをやらせてもらえることがありがたい

と、思うようになりました。

　それでも、気持ちが荒れて、子どもにあたってしまったときは、子どもが寝ているときにもスリスリして、「ありがとう！かわいいねぇ」と、やっています（笑）。

司　　会：起きているときもスリスリはするんですか？

石井さん：起きているときもやりますよ。子どもがベタベタされることへのキャパが広くなったようで、受け入れてくれるようになりました。

　小学1年生と3年生の女の子がいますが、2人とも抱っこして話を聞いたり、スリスリしていますね。

小池さん：うちは男の子2人で、どっちもふだんからベタベタしてきますが、よく話を聞いてあげると、すぐに寄ってきます。

石井さん：そうそう、すぐ寄ってくる。先日、手作りしたコマを「上手にできたね」ってひと言ほめたら、その日一日、「ママにほめられた！」と言ってうれしそうでした。

　寝るときには「ママ大好き！」って言って、ギューッとするんで、子どもはやっぱりほめられることがうれしいんだなと思いますね。

松田さん：私も子どもをほめるようになり、子どももほめられるとうれしそうにしてます。お互いにいいですよね。

　それと、私は感情をぶつけるような怒り方が、減りました。今までは、できないことがあると「なんでできないの！」と子

どもを責めるように言ってしまっていたのを、「どうやったらできるかなぁ？」と聞くゆとりが生まれました。

　子どもは「次はがんばる！」と言うようになって、実際がんばれるようになりました。

小池さん：私、大きく変わった点がまだあるんですが——私は前から、人から嫌われたくないという気持ちから、自分の言いたいことを我慢して言わない——というか、言えなかったんですね。でも「ほめ日記」を書くようになって言えるようになったんです。先日も、私の趣味のサークルで、ちょっとしたトラブルがあり、代表の方から見当違いなことを言われたことがありました。これまでの私だったら、「はい、はい」と言って収めていたと思うのですが、そのときはきちんと事の成り行きを説明し、納得してもらうことができました。

　言えたことで気持ちがスッキリしましたし、言えた自分が「成長した〜ッ！」と、とてもうれしかったです。

取り組み後の 保護者としての思い

司　　会：最後に、担任の吉田先生に対して何かひと言ありませんか？

松田さん：自分の子どもの「ほめ日記」に毎日「ほめコメント」を書いていただいているので、とても近しい感じがします。一緒にがんばって子どもを育ててくれている——そんな感じがします。

石井さん：そうですね。先生との距離が縮まりますね。「子どものことを、こういうふうに思ってくれているんだ～」と、とってもうれしいですね。クラスの子どもたちが仲よく助け合う姿を見ると、こんなふうに育ててくださってありがとうございます、という気持ちになります。

小池さん：うちの子も、簡単に自分のいいところを見つけられるようになりましたし、同時に他の人のこともほめられる子になって、よかったです。ありがとうございました。

松田さん：私たち親にとってもいろいろな気づきがあって、成長できたように思います。何かできたことをほめることはあっても、日常の当たり前のことをほめる視点はありませんでした。そのことの大切さに気づかされました。

石井さん：毎日の生活の中で、会話にまでならない小さなことって、たくさんありますよね。そういう子どもの些細な気持ちを知ることができて、よかったです。

子どもに「ほめコメント」を書く。それに対して「ママもこんなふうに思ってくれたんだ」と子どもが喜ぶ。そんな大切な機会をあたえていただいたことが、ありがたかったです。

私も一人の人間としてコマを一つ進められた手応えを感じています。

1年半続けてきた「トライアングルほめ日記」が終わってしまうのは、寂しいですね。今は何かもの足りなさを感じています。

学級経営に、子育てに、 「トライアングルほめ日記」を！

司　　会：吉田先生は、もう10年以上毎年毎年、担任するクラスで「ト
　　　　　ライアングルほめ日記」を実施し、この間、たくさんの先生方
　　　　　にもすすめてこられました。
　　　　　　継続してきた原動力は、何ですか？

吉田先生：学級経営が楽しくなるんです。子どもたちはどんどん仲よくなっ
　　　　　て、クラスみんながお互いを思いやるようになります。そんな
　　　　　やさしさをもった子どもたちを見ていると、幸せを感じます。
　　　　　　また、子どもたちも教師である私のことを慕ってくれますし、関係性が「トライアングル」をやるかやらないかで、全然
　　　　　違ってくるのを知ってしまったので、続けないわけにはいきま
　　　　　せん（笑）。
　　　　　　保護者の方たちとの関係も円満で良好なものになります。勉
　　　　　強だけではなく、子どもの心の成長を喜んでくださる保護者の
　　　　　方も多いので、その点こそ、私が願っていることです。
　　　　　　保護者の方も「子どもへの見方が変わりました」とおっしゃ
　　　　　る方が多く、学んでいただく機会にもなっていると思います。
　　　　　　私自身も、子どもが書く「ほめ日記」を見て、その子のよさ
　　　　　を知ることができ、目が行き届かない部分について教えられま
　　　　　す。
　　　　　　「ほめコメント」を書く作業は、楽しいです。脳科学的にも
　　　　　ほめ言葉は脳が喜ぶと言われていますが、コメントを書くだけ
　　　　　でも、うれしい気持ちになりますね。「ほめ日記」の効果でク
　　　　　ラスが落ち着いてくることによって、子どもたちのトラブル

座談会　　97

が減りますから、マイナスの出来事につかう時間が減るので、その分、コメントを書く時間が少し増えても、苦になりません。

司　会：始めるきっかけは、何かあったのですか？

吉田先生：私自身が、12 〜 13 年前、子育て中に「ほめ日記」を書き、自己尊重感が高まったことと、「子どもをそのまま受け入れる」ことができるようになったことです。

　私が子育てをしている時期は、「人より抜きん出たものを我が子にもたせよう」という考えが主流だったので、どうしたら抜きん出たものを子どもにもたせられるか模索していました。周りからは「しつけが悪い」「育て方が悪い」などといろいろ否定的なことを言われていましたし、自分自身も自己否定が強くなり、とても悩みました。そして、カウンセリングや子育て講座、いろいろな自己啓発セミナーにも行きましたが、全然答えが見つからない。そんなとき、図書館で手塚さんの本を見つけ、さっそくセミナーを受講して「これだ！」と思ったのです。

　自分の体を含めて、自分を大事に思っていなかったことが、実感として分かりました。そして「ほめ日記」を書き始めると自分を好きになっていったのです。

　それから、自分自身の子育てがとてもラクになっていきました。「子どもはそのままで OK ！」「子どもをまるごと受け入れる」いうことができるようになったのです。

司　会：そのあたりは、子育て中の教師の方や保護者の方にも参考になると思いますので、もう少し具体的にお話をしていただけますか？

吉田先生：私は「ほめ日記」を書いているうちに、子どもを「理想の子ども像」に当てはめようとしていたと気づきました。理想像から見て、「ここがダメ」「あそこがダメ」と悪いところを見つけて修正しながら自分の思い通りに動かそうとするから、できないと腹が立つ。そして、そんな自分を責める。この負のサイクルの中で、私は悩んでいたのですが、子どももつらかったのだと気がつきました。

　子どもを一人の人間として、条件をつけるのではなく、まるごと受け入れて育てると、子どもがのびのび成長できます。「子どもをまるごと受け入れる」ということは、頭で分かっていても実際にはとても難しい。しかし、「ほめ日記」を書いて、親自身が自分を「ありのまま受け入れられる」ようになると、子どもに対してもできるようになるのです。マイナス面もプラスに転換して見られますし、子どもへの見方が変わります。

　そんな私の子育て体験から、「これはクラスで実施したい」と思ったのが、始まりです。

　私は今でも「ほめ日記」を書き続けています。ぜひ、保護者の方にも、教師の方にも書いてもらいたい。その上での「トライアングルほめ日記」が理想のかたちだと思っています。

司　会：吉田先生の貴重な体験が、こうして皆さんに伝わっていくのはうれしいですね。すばらしいお話をありがとうございました。石井さん、小池さん、松田さんに、子どもさんやご自身の実体験にもとづいたお話をしていただいたことは、読者の皆さんへの大きな励ましや勇気づけになると思います。

　今日は皆さん、ありがとうございました。

Q&A こんなとき、どうする？

　ここでは、これまで「ほめ日記」の実践に際して受けた相談や疑問にお答えしていきます。日々の実践の参考にしてください！

Q1 子どもが自分自身をほめられないときは、どのようにアドバイスをしていくといいでしょうか？

A1 教師が子どもの席まで行って、書くための具体的なヒントをあげたり、一緒に探してあげたりすると、だんだん自分自身で見つけられるようになります。

　「○○さんは、今日〜〜をとてもがんばっていたよ！　あれはとても立派だったよ！」「今日も元気で学校に来ているでしょう。それもほめることだよ。体が健康なことは、とてもすばらしいことなんだよ。自分の体をほめてあげよう！」などと、その子に合ったアドバイスを小さな声で伝えましょう。そうすることで、少しずつ子どもが自分自身でいいところを見つけ、書けるようになっていきます。

　それでもほめる文章が書けないときは、教師がその子の行動を取り出してほめる文章を一行書いてあげるようにします。それを根気よく続けていると、やがて子ども自身で「ほめ日記」が書けるようになります。

Q2 高学年になったら「ほめ日記」を保護者に見せなくなってしまいました。子どもに、どのような指導をするといいでしょうか?

A2 高学年にもなると、徐々に反抗期が始まってきますので、素直に「ほめ日記」を書かなくなることも当然あるでしょう。とくに、自分が書いたものを保護者に見せたくない、恥ずかしいという気持ちからか、金曜日に持ち帰らせても見せなくなる子どももいます。そのようなときは、そうした子どもの気持ちを受け入れるようにしましょう。

　また、「ほめ日記」そのものを書かなくなる子どもにも、無理強いはせず、静かに見守り、ようすを見ながら声かけをするようにしましょう。

Q3 保護者が、週末の「ほめコメント」を記入してくれません。どのようにお願いするといいでしょうか?

A3 子どもには「きっと、おうちの人が忙しかったのでしょう。今度の金曜日に書いてもらいましょうね」と話します。そして、家庭の事情を考えながら、場合によっては連絡帳に「お子さんの『ほめ日記』を読んであげてください。とても一生懸命に書いていますよ。感想をひと言でいいので書いていただけませんか。よろしくお願いします」などと書いてわたすようにします。すぐに書いていただけなくても、根気よく待つことです。また、保護者会や個人面談の機会には、改めて協力の依頼をするとともに、「無理のない範囲で協力してください」と伝えるようにしていきます。

　それでも保護者が書いてくれない場合には、担任の教師が多めに「ほめコメント」を記入し、子どもに寂しい思いをさせないようにします。

Q&A　こんなとき、どうする?　**101**

Q4 保護者のコメントの中に、子どもへの注文や注意が入ってきてしまいました。こうしたコメントには、どのように対応するといいでしょうか？

A4 注文や注意は、子どもをほめることではないので、とりあえず読み流し、教師はとにかくほめ続けます。条件付きのほめ言葉は、子どもでも違和感を感じるものです。教師もうっかりすると「○○するともっといいね。がんばろう！」などと応援するつもりで書いてしまうことがありますが、その点は注意しましょう。

　教師のコメントを読むことで、ほとんどの保護者はやがて気づき、ほめ言葉だけを書くようになりますが、保護者会などで「ほめ日記」の趣旨をていねいに説明すると理解してもらえます。

Q5 各授業における課題や行事が多く、業務も山積し、「ほめ日記」を毎日書く時間がとれません。どうしたらいいでしょうか？

A5 毎日書くことがベターですが、行事や時間割などの関係でどうしても書く時間がとれないときもあります。そうしたときは無理をせず、「今日は『ほめ日記』はお休み」という日にしましょう。

　状況によっては、次の日に、「できたら、昨日の分も書こう！」と子どもたちに呼びかけてもいいですが、それでも絶対に無理をすることは禁物です。

Q6 教師自身がインフルエンザにかかるなど体調を崩し、学校を長期休んでしまった場合は、どのように対応すればいいでしょうか？

A6 実際にあった事例では、教師が土日を入れて5日間休んでしまっ

たとき、ちょうど「ほめ日記」が軌道に乗っていたので、3日間は宿題にする方法をとったものがあります。完治してから、一気にコメントを書くことになりましたが、休養を十分にとっていたので、無理なくやりきれました。

　また、「ほめ日記」を読むことで、休んでいる間の子どもたちのようすがよく伝わってきて、かえってありがたく感じ、その実践の意義を強く実感できたという声がたくさん届いています。

Q7 保護者から、「ほめることがいいということは分かりましたが、子どもを叱るときはどうすればいいですか?」という質問を受けました。どのように答えるといいでしょうか?

A7 自分や友だちなど人の命の安全にかかわること、また、人の迷惑になる言動に対しては、きっぱりした態度で厳しく叱らなければなりません。その際に気をつけたいことは、その子の人格を叱るのではなく、改めるべき言動を取り上げて叱る（注意する）ことです。「なぜ、いけないのか?」を具体的に説明し、伝えること。そして、子ども自身に考えさせるようにすること。また、そうしたことを親子で一緒に考えることがとても大切です。今後、似たような場面に遭遇したときに、よりよく行動できるように方向づけてあげる必要があります。

　思わず怒鳴ってしまったというときは、必ず後でほめ言葉を忘れず言い添えるようにするといいことも、保護者にアドバイスするようにしましょう。

Q8 保護者から「ほめていると、甘えた子になるのではないか?」という質問を受けました。どのように答えるといいでしょうか?

A8 甘えではなく、自信と自己尊重感（自己肯定感）が育つので、目的に向かってがんばるようになります。心も安定し、自立心も育つので、むしろ心は強くなると説明し、保護者を安心させてあげましょう。

保護者の声

●「ほめ日記」の取り組みをきっかけに、不安なときには自分にプラスの言葉をかけて、勇気をもってやり遂げる姿が見られました。我が子がとても頼もしかったです。
（4年生の保護者・Sさん）

●子どもが自分自身を見つめ直すいい機会となりました。いい行動を続けることができ、さらにいい行動をとれるようにとがんばっていました。　　　　　　（2年生の保護者・Aさん）

●個人の尊厳の大切さを理解し、友だちを励ますことで、自分の言動に対する価値観も高まったようです。

（4年生の保護者・Fさん）

Q9 保護者から「ほめていると、子どもがうぬぼれてしまうのではないか?」という質問を受けました。どのように答えるといいでしょうか?

A9 「ほめ日記」の実践で、うぬぼれることはありません。ほめるこ

とで、子どもは自信と勇気をもって行動したり、自分の気持ちを発表できるようになります。「ほめ日記」を書いていると、子どもたちは、「みんな一人ひとり優れたものをもっているのだ」ということに気がついてきます。

自信がつくことを"うぬぼれ"と勘違いする保護者もいますので、そのことをていねいに説明すると納得してもらえます。

保護者の声

●「ほめ日記」を始めるという話を聞いたとき、正直、うぬぼれの強い、生意気な子どもになるのではと、ちょっと気になっていました。しかし、始めて見るとそんなことはありませんでした。ほめることを探すためには、自分の行動を振り返ることになるので、子どもなりに自分の行動に対する責任などを考えるようになったと思います。

（2年生の保護者・Sさん）

●人見知りが強く、外に出るとモノを言えなくなる子でしたので、心配していました。2学期から「ほめ日記」が始まり、「この子が自分をほめられるのか？」と思いましたが、先生の「ほめコメント」によってどんどん自信がついていったようです。積極的に行動できるようになり、自分のことも、友だちのことも、ほめられる子になりました。

（1年生の保護者・Uさん）

参考資料	児童配付用説明プリント

「トライアングルほめ日記」の書きかたとほめかた

★「ほめ日記」の書きかた

①日にちと曜日を書く

- ・自分をほめることをさがして、必ず最後に「ほめ言葉」を書くこと。
- ・他の人と自分をくらべないで、自分でいいと思ったことを書くこと。
- ・「当たり前」のことも、ほめることがだいじです。

②1週間書いたら、「ほめ日記」を家に持ち帰って、お家の人にひと言、「ほめコメント」をもらおう！

★どんなことを書くの？

①性格や心の動きをほめる

例）・○○さんに自分からあやまることができた。ぼくってすごい！
　　・弟とけんかしてイラッとしたけど、言い返さなかった。せいちょうしたね～！

②行動やはたらきをほめる

例）・今日もたくさん手をあげて発表できた。せっきょくてきになったなぁ！
　　・○○くんとけんかしたけど、ちゃんとごめんなさいって言えた。花丸だね～！

③感覚（感じたこと）や気持ちをほめる

例）・空を見たら、とってもくもがきれいだった。きれいって思うわたしはすてきだね！
　　・テレビを見て、泣いたりわらったりするぼくって、かんじょうがゆたかだな！

④思っていること、考えていることをほめる

例）・いつかリフティングが○回できるって信じているぼくは、かっこいい！
　　・お母さんのお手伝いをして助けてあげたいって思ってるわたしは、やさしいね！

⑤努力していることをほめる（けっかが出ていなくてもだいじょうぶ）

例）・スイミングに、ピアノ。どっちもチカラがついてきたぞ！

・やきゅうのすぶりをがんばってやってる。エライエライ！！

⑥かこに努力したことをほめる

例）・去年は漢字テストの勉強、がんばった！　だから漢字がとくいに
なったんだー！

・１年生のとき、プールでよく泳いだから、けんこうになってかぜ
をあまりひかないね、すごいよ。

⑦やらなかったことをほめる

例）・○○くんにちょっかい出して、いやそうだったからすぐやめた。
よく気がついた！　えらい！

・いすをガタガタさせてすわらなかった。集中できるようになって
きたぞ。ナイス！

⑧体のはたらきをほめる

例）・今日もちゃんと目がさめて、朝ご飯食べてきた！　ぼくの体、す
ばらしい！　ありがとう！！

・給食を残さず食べられた！　すききらいせずに食べる私、えらい
よ！

⑨ひょうじょう、すがたなどをほめる

例）・かみの毛を切ってすっきりしたね！　前よりかっこよくなった
ね！　いいかんじ！

・いつもえがおがすてきだよ！　わたしのえがおでみんなが元気に
なっているよ！　すてき！

⑩プラスの変化、こころの気づきをほめる

例）・「ほめ日記」をはじめて、自分のことが前より大切に思えるよう
になってきた！　すごい変化だね！！　心がかがやいてきた！

・今まで「あ〜、いやだ、めんどくさい」ってよく言ってたけど、
さいきん「よくがんばってるね」って自分に言ってるね。気持ち
の切りかえが早くなってきた。りっぱ、りっぱ！！

★ほめることが見つからなくて、こまったら？

①当たり前と思わず、ほめましょう！　当たり前は、じつはすごいこと

②「こんなこと、ほめるようなことじゃないよ」と勝手に決めつけない

③どんな小さなことでもいいので、ほめる

④友だちとくらべている自分がいたら「わたしはわたし」「ぼくはぼく」
　と気持ちを切りかえる

⑤考えたことや感謝したことなどもほめる

　・テレビのニュースを見ていて「こうすればいいのに」と考えたこ
　　と、まわりの人の親切に「ありがとう」と言えたこと、自分の命に感
　　謝することもほめるポイントです。

　例）・ぼくはいつもいい顔色をしている。けんこうなしょうこだ。けん
　　　こうなからだにありがとうと言った。えらいよ。

　　　・今日も心ぞうがちゃんとうごいてくれた。生きてるってすばら
　　　しい！

　　　・今日も1日よく生きたね。えらいよ。

　　　・お母さんに、まいにちごはんを作ってくれてありがとうと伝え
　　　た。かんしゃできるわたしは、成長しているね。

　　　・ほめることがあまり見つからないけど、あせらなくてだいじょ
　　　うぶ。いつか見つけるのがじょうずになるさ。そう思えるぼくは
　　　いいぞ！

参考資料 ほめことばリスト：低学年用

はなまるだね。　さいこうだね。　かっこいい。

がんばったね。　りっぱだね。　いいぞ、いいぞ。

そのちょうしだよ。　やったね。　すごいなあ。

じょうずだね。　せいちょうしているね。　うまいね。

なかなかやるね。　けっこうがんばっているね。

ここがいいところだね。　やるきがあるね。

やさしいね。　ナイス！　あたまいいね。

すてきだね。　えらいよ。　ゆうきがあるね。

じょうぶだね。　つよいね。　ばっちりだね。

やったね〜！　うまいうまい。　心がひろいね。

いいかんじだよ。　えがおがいいね。　バンザーイ！

いっしょうけんめいだね。　どりょくしたね。

かわいいよ。　おちついているよ。　よくやったね。

さすがだ！　パワーがあるよ。

かんがえるちからがあるね。　あかるいね。

参考資料　109

参考資料 ほめ言葉リスト：高学年用

花マルだね。　最高だね。　かっこいい。

がんばったね。　りっぱだね。　いいぞ、いいぞ。

その調子だよ。　やったね。　スゴイなあ。

上手だね。　成長しているね。　うまいね。

なかなかやるね。　けっこうがんばっているね。

ここがいいところだね。　やる気があるね。

やさしいね。　ナイス！　頭いいね。

すてきだね。　えらいよ。　勇気を出したね。

丈夫だね。　心が強いね。　バッチリだね。

ヤッタネ〜！　うまいうまい。　心が広いね。

いい感じだよ。　笑顔がいいね。　バンザーイ！

一生けんめいだね。　努力したね。

かわいいよ。　落ち着いているよ。　よくやったね。

さすがだ！　パワーがあるよ。

考える力があるね。　明るいね。

バージョンアップしたね。　よく気がついたね。

最後までねばったね。　ひらめきがあるね。

参考資料 保護者あてのお手紙：例1

○年○組　保護者様

平成○年○月○日（○）
○○小学校○年○組担任

「トライアングルほめ日記」のお願い

　お子さんが金曜日に持ち帰る「ほめ日記」に、何かひと言でも、「お子さんをほめる内容のコメント」を書いてください。

Q.「ほめ日記」って何？
　自分で自分をほめる日記です。子どもたちは、「毎日できるだけ違うことを書く」「ほめ言葉をつかって書く」、この２つに気をつけて書いています。担任は、「ほめコメント」を書いて子どもたちに返却しています。週末は、「ほめ日記」を家に持ち帰ってお家の人にも「ほめる内容のコメント」で、ほめてもらいます。そうすると、お子さんは自信がつき、自己尊重感（自己肯定感）が育ちます。そうすると――
　　・やる気が出ます。
　　・得意なことが増えます。
　　・笑顔が輝きます。
　　・周りの人にやさしくできます。
　　・感謝の心が育ちます。
　　・長所が伸びます。
　　・短所が目立たなくなります。
　　・自分を好きになります。
　　・失敗しても落ち込まなくなり、次にがんばる気持ちが出てきます。
などなど、お子さんの心の成長の助けになります。

参考資料　111

保護者の方は、

お子さんのいいところも悪いところも含めて認められるようになり、愛情が深まります。

子育ての楽しさが倍増します。

どんないいことが起こるか楽しみにして取り組んでください。いいことがあったら、ぜひ、お知らせください。

Q.「ほめる内容のコメント」には、どんなことを書いたらいいのでしょうか？

A．例えば

- ・一人で起きてこられたね。えらいな、さすが○○ちゃん。
- ・きのうのうちに時間割そろえておいたね。えらい、えらい。
- ・手洗い、うがいをきちんとしているね。
- ・大きな声で「おはよう」って言われると元気が出るよ。
- ・おつかいに行ってくれてありがとう。助かったわ。
- ・今日は、忘れ物しなかったのね。やったね。

など、当たり前と思うことからほめていくことが大事です。

Q．わざわざ書かなくても、いつも言っているのですが……

A．お家の人が書いたことを子どもたちは何度も読み返すことができます。つまり、読むたびにほめてもらった心地よさを味わうことができるのです。

また、そのことによって、ふだんは忙しくて会話が少ないご家庭でも、お子さんは親御さんから愛されているという安心感をもつことができます。

Q．ほめてばかりいると、天狗になってしまいそうですが……

A．心配いりません。勇気をもって何事にも挑戦する子になります。

保護者の方は、お子さんの「ほめ日記」に「ほめコメント」を書くこと

で子どもを見る目が変わったとおっしゃる方がたくさんいらっしゃいます。週末に「ほめ日記」を持ち帰りましたら、お子さんのがんばったことやいいところを、ぜひ書いてください。よろしくお願いします。

＊保護者の方も、ご自身の「ほめ日記」を書くと、効果倍増（！）です。
　そして、すてきな自分を発見できます。

参考資料 保護者あてのお手紙：例2

〇年〇組　保護者様

平成〇年〇月〇日（〇）
〇〇小学校〇年〇組担任

「トライアングルほめ日記」のお願い

　過日は、保護者会にご出席くださいまして、ありがとうございました。
　保護者会の席でもご説明させていただきましたが、今学期より「ほめ日記」を書き始めることにしました。日々成長し続けている子どもたちが、自分の存在や成長を肯定的に認めることで、今以上に自己尊重感（自己肯定感）を高めていきたいと考えるからです。「自分が好き」と思えるようになると、気持ちが穏やかになり、自信ややる気、集中力までも高まっていくと言われています。また、自分のよさを見つけられるようになると、友だちや家族など周囲の人たちに対しても肯定的なものの見方や考え方が培われていくと言われています。
　4月からは、3年生です。自分のよさやがんばりに自信をもち、さらには友だちとも認め合って進級していけるよう、残り2か月、「ほめ日記」

参考資料　113

に取り組んでまいります。

　子どもたちは、学校で毎日「ほめ日記」を書きます。そして、週末には家庭に持ち帰ります。「自分をほめる」という慣れない日記に、子どもたちなりに精いっぱい取り組んでいます。どうぞあたたかい目でページをめくって読んであげてください。保護者の皆さまには、学校でのお子さんの様子やがんばりをお伝えできるのではないかと思います。

　そこで、お願いです。

　お忙しい中、たいへん申し訳ないのですが、保護者の方からお子さまに向けてお子さんが書かれた「ほめ日記」に、何かひと言「ほめる言葉」を書いてあげてください。そして、月曜日には、忘れずに「ほめ日記」を持たせてくださいますようお願いいたします。

　今年度は残り２か月となりましたが、「トライアングルほめ日記」（子どもと保護者と教師とで取り組む「ほめ日記」）を継続し、子どもの自己尊重感（自己肯定感）が一層高まっていくようにと願っています。趣旨をご理解の上、ご協力をお願いいたします。

参考資料 保護者あてのお手紙：例3

○年○組　保護者様

　　　　　　　　　　　　　　　平成○年○月○日（○）
　　　　　　　　　　　　　　　○○小学校○年○組担任

お 願 い

　過日は、保護者会にご出席くださいまして、ありがとうございました。
　今学期より取り組み始めた「ほめ日記」を、週末ご家庭に持ち帰ります。
「自分をほめる」という慣れない日記に、子どもたちなりに精いっぱい取
り組んでいます。どうぞあたたかい目でページをめくって読んであげてく
ださい。
　保護者の方には次のことをお願いします。
・保護者の方からもお子さまに向けて「ほめコメント」を書いてあげて
　ください。
・月曜日には、「ほめ日記」を持たせてくださいますようお願いいたし
　ます。

　今年度は残り２か月となりましたが、「トライアングルほめ日記」（子ど
もと保護者と教師とで取り組む「ほめ日記」）を継続し、子どもの自己尊
重感（自己肯定感）が一層高まっていくようにと願っています。お忙しい
中、たいへん申し訳ありませんが、趣旨をご理解の上、ご協力お願いいた
します。

参考資料　115

参考資料 ほめコメントの例

●教師・保護者が「ほめ日記」にほめコメントを書く際のポイント

ポイント①：子どもの姿を思い浮かべながら話しかけるように書くと、子どもに伝わるコメントになります（あえて、話し言葉をつかうようにしましょう）。

ポイント②：子どもの名前を書き添えるようにすると、子どもにとって、教師（または保護者）が自分と向き合ってしっかり認めてくれているのが分かるコメントになります。

やさしいね。　親切だね。　えらいぞ〜、友だち思いだね。

はなまるだね。　絶好調だね。　本当によくやりました。

がんばったんだね。　一生懸命取り組む○○さんはえらい！

ここがスゴイ！　成長している○○さんはりっぱ！　毎日元気だね。

キラキラ輝いているね。　前向きでいいね。　チカラがあるね。

とても上手にできました。　れいぎ正しい○○さんだね。

○○してくれてありがとう。　とてもたすかったよ。

○○さんは、ゆう気がある子だね。　○○ができた○○さん、やさしいね。

やりきったことがえらいんだよ。　努力していてえらいね。

少しずつでもがんばる○○さん、えらいぞ。おうえんしているよ。

あきらめないところが、○○さんのすてきなところだよ。

今日も学校に来てエライゾ。　ごはんがおいしいのは元気なしょうこ！

みんなと楽しく遊べて、仲がいいね。　チームワーク、いいね。

今週も元気にスタートした○○さん、すばらしい！　上達しているね。

自分から勉強ができる○○さん、やる気まんまんでかっこいいよ！

にが手なことにもチャレンジできて、がんばりやさんだね。

国語の発表、がんばったね、よくできていたよ。

分数、この調子だね。　テストもがんばってえらい！

「わかりません」と言えたことが、とてもすばらしかったよ。

自分からすすんでお話できているよ。ゆう気があるね！

宿題をやってきてえらい！　○○さんに教えてあげてやさしいね。

ゴールを決めたんだね、やったね！　得点とれたんだね、すご～い！

最後までがんばるチカラ、すばらしい！　練習、はりきっていたね！

絵をかくことが大好きな○○さん、どんどんじょうずになっているね！

おどりが大好きな○○さん、いっしょうけんめいでとてもステキ！

すばらしい。給食、残さなかったね、はくしゅ～！

みんなのためにお掃除がんばったね、たよりになるよ。

係のしごとを毎日わすれずにやっている○○さん、ナイス！

お休みの日も早おきしたんだね。いいぞいいぞ！

こんなにたくさん「ほめ日記」を書けるなんて、すごいな～！

おわりに

「福井さん！　教師のための『ほめ日記』の本を出しましょう‼」

　二度目に手塚さんにお会いしたとき、目をキラキラと輝かせながら、そう声をかけてくれました。突然の提案に言葉もなく、ただびっくりしたことを覚えています。

　その前の年の８月に講演を聴いて、すぐに９月から３年生の子どもたちと「ほめ日記」をスタートさせました。最初は、なかなか「ほめコメント」を書けなかった子どもたちが、集中し、黙々と書いていくようになる姿。友だちのよさをどんどん見つけようと必死になる姿。子どもたちは、自分のことも、周りの友だちのことも、大切に感じるようになっていきました。クラスがあたたかく、幸せな場所になりました。

　感謝の気持ちを手塚さんに伝えたくて、１年後にお会いしたのですが、そんな考えにも及ばないような提案が舞い込んできたのです。

　「『ほめ日記』を全国の先生方に伝えることができる！　なんてすばらしいことだろう‼」

　胸が高鳴り、ワクワクしました。

　現在、１年生の担任をしています。子どもたちは、１学期でひらがなをやっと覚えた段階で、まだまだ文章を書くことは難しいのですが、たどたどしい文字で一生懸命に書く姿はとてもかわいいものです。「『ほめ日記』は、１年生ではまだ難しいかな？」とも思ったのですが、取り組み始める

とどの子も夢中になり、たくさん書けるようになってきていました。「子どもって、すごいなぁ！」と驚きと感動でいっぱいです。

　どの子も「認められたい」「ほめてもらいたい」「愛されたい」と思って学校に来ています。そして、もちろん教師も、子どもの成長に対してたっぷりほめてあげたいと思います。しかし現実には、ほめられるばかりではありません。やってはいけないことをしてしまったら、注意し、指導をしなければなりません。友だちを傷つけたら、反省をさせなければなりません。そうした毎日の中で、「ほめ日記」では叱ったことは置いておき、教師は子どもを存分にほめてあげることができます。子どもたちも教師にほめてもらえます。子どもとの関係を一度いい意味でリセットさせることができるのです。それは、家庭でも同じことが言えるのではないかと、２年間実践してみて、しっかり感じとることができました。

　この本を読んで、「よし、明日からうちのクラスでもやってみよう！！」と一人でも多くの先生方が思って実践し、日本の教育現場が少しずつあたたかく、幸せな空間になるようにと願っています。

福井裕子

あなたから始めていただきたい！

　お読みいただいて、ありがとうございました。「楽しくできそう」と、イメージをもっていただけたでしょうか。

　「トライアングルほめ日記」の取り組みは、子どもたちの自己尊重感（自己肯定感）や他者への思いやりの心を育みます。それは、成人してから、あるいは社会に出てから、一人ひとりの人間力を高める土台となるものです。挫折を経験したとき、困難にぶつかったとき、小学生のときに「ほめ日記」を書き、先生からも親からもほめられていたことを必ずや思い出し、それを生きるチカラとして、乗り越えてくれるにちがいないと、私は信じています。

　私自身は、学校現場の外から先生方を応援する活動を今後も続けていきます。また、共著者の先生方は、校内研究会などで皆さんのお役に立ってくださることでしょう。ぜひ、子どもたちのために、自分自身のために、そして、希望に満ちた未来を創造するために、あなたから始めていただきたいと心から願っています。

　本書をつくるにあたって、共著者以外に、日本全国の多くの先生方にご協力をいただきました。とくに岡山県の西村昌平先生、鹿児島県の山下多賀子先生、また、匿名でご協力くださった先生方、本当にありがとうございました。

そして、学陽書房の皆様をはじめ、本書の刊行にかかわってくださったすべての方々に感謝申し上げます。

　なお、本書を、昭和初期に自由教育の殿堂とも言われた「自由ヶ丘学園」を創設した、敬愛する祖父・手塚岸衛にささげます。

　2017年9月

手塚　千砂子

編著者紹介

手塚千砂子（てづか ちさこ）

一般社団法人自己尊重プラクティス協会・代表理事。「ほめ日記」創始者。
セルフエスティーム・コーチ（自尊感を育てるコーチ）として全国各地の自治体、
団体で講演、指導者の養成などを行う。全国の読者や受講者から「救われました！」
と幅広い支持を得ている。「『トライアングルほめ日記』を全国の小学校に広める
会」共同代表。著書に『ほめ日記効果・自分を味方にする法則』（三五館）、『親
も子もラクになる魔法の"ほめ"セラピー』（学陽書房）、『ココロのきりかえ方』
（PHP文庫）など多数。

> ●あなたの学校に講師を派遣します。
> 　少人数の集まりでも、ぜひお声がけください。
> 　・連絡先：http://homenikki.in.coocan.jp/
> 　「ほめ日記」研究所・お問い合わせフォームへ

著者紹介

吉田絵理子（よしだ えりこ）

1961年、東京都生まれ。2004年から東京都公立小学校勤務。2005年から児
童の自己尊重感を育てる取り組みを行っている。現在、世田谷区公立小学校勤務。
「『トライアングルほめ日記』を全国の小学校に広める会」共同代表。

大貫政江（おおぬき まさえ）

1957年、栃木県生まれ。1979年、栃木県公立小学校勤務。1988年、東京都
公立小学校勤務。2000年、次男陵平13歳で自死。生き方について深く思索す
るようになる。2002年、手塚千砂子氏のサポートを受け、「ほめ日記」を書き
始める。2007年、小学校で「トライアングルほめ日記」を始める。2017年に
定年退職し、現在は板橋区立成増生涯学習センター勤務。「『トライアングルほめ
日記』を全国の小学校に広める会」メンバー。
「次男の自死と母である私の生き方について」、どなたかにお役に立てるなら、集
まりなどでお話をしたいと考えている。

福井裕子（ふくい ゆうこ）

1982年、大阪府生まれ。2006年から大阪府東大阪市で公立小学校に4年間勤務。
2010年から東京都品川区公立小学校に7年間勤務。現在、世田谷区公立小学校
勤務。「『トライアングルほめ日記』を全国の小学校に広める会」メンバー。

クラスがまとまる！
子ども・教師・保護者の
トライアングルほめ日記

2017 年 10 月 17 日　初版発行

編著者─────手塚千砂子

著者─────吉田絵理子

大貫政江

福井裕子

装幀─────スタジオダンク

本文デザイン・DTP制作──スタジオトラミーケ

イラスト─────加藤陽子

発行者─────佐久間重嘉

発行所─────株式会社 学陽書房

東京都千代田区飯田橋 1-9-3　〒 102-0072

営業部　TEL03-3261-1111　FAX03-5211-3300

編集部　TEL03-3261-1112　FAX03-5211-3301

振　替　00170-4-84240

http://www.gakuyo.co.jp/

印刷─────加藤文明社

製本─────東京美術紙工

©Chisako Tezuka 2017, Printed in Japan

ISBN978-4-313-65330-6　C0037

乱丁・落丁本は、送料小社負担にてお取り替えいたします。

定価はカバーに表示してあります。

JCOPY ＜出版者著作権管理機構 委託出版物＞

本書の無断複製は著作権法上での例外を除き禁じられています。複製される場合は、
そのつど事前に、出版者著作権管理機構（電話 03-3513-6969、FAX 03-3513-6979、
e-mail: info@jcopy.or.jp）の許諾を得てください。

大好評！ 学陽書房の本

たった5分でクラスがひとつに！
学級アイスブレイク

江越喜代竹 著

緊張感をほぐし、人と人をつなげ、場を温めるアイスブレイクは、まとまらないクラスの立て直しに最適！ クラスに笑いを起こし、温かい雰囲気をつくるだけではなく、子どもの中に潜む「伸びる力」「前向きな気持ち」などを無理なく効果的に引き出します。子ども同士をつなげ、まとまらなかったクラスのチーム力をみるみる高めるしかけが詰まった学級アイスブレイク集。学級経営に悩みや不安を抱える先生に、1年中フル活用していただける役立つ一冊です！

定価＝本体1600円＋税

大好評！　学陽書房の本

子どもがつながる！　クラスがまとまる！
学級あそび101

三好真史 著

子ども同士のつながりを引き出すコミュニケーションあそび集！ 子どもの人間関係力が下がり、クラスをまとめるだけではなく、その結びつきに頭を抱える教師が急増中！　そんな悩みをパッと解消し、気軽に準備なしで教室ですぐできるカンタン学級あそびが満載の本書。子ども同士の距離がみるみる縮まり、自然な連帯感や活気が生まれます！　すべてのあそびが、低・中・高の全学年で実践でき、また、多忙な教師にとっても負担なく取り組めるもののみを厳選！

定価＝本体 1600 円＋税

大好評！　学陽書房の本

やり方ひとつでこんなに変わる！
20代教師のためのクラス回復術　　桔梗友行 著

クラスの立て直し、まだまだ間に合います！
経験不足によるちょっとした勘違いや思い込みが、学級経営を悪化させている?!　日々の声かけや問いかけ、指示の出し方、授業づくりのポイント、「扱いにくい子」や「困った子」への指導のコツ、さらには教師として成長するためのヒントなど、クラスをまとめていくための具体策が学べます。「教師がつらい」と思ったときに、背中を押してくれるアドバイスが満載！

定価＝本体 1800 円＋税

大好評！　学陽書房の本

信頼される教師の叱り方
フツウの教師・デキる教師・凄ワザな教師

中嶋郁雄 著

叱ることに悩みや苦手意識を抱いていたり、90年代以降の「ほめる教育」を受けてきた叱られること自体に不慣れな若い教師たちにむけて、叱りの意義と子どもの真の成長にとって効果的な叱り方を具体的に紹介。また、叱ることが罪であると思い込んでしまっている教師の勘違いに対しても、分かりやすく明確な気づきとヒントをあたえてくれる「教師のための叱り方」決定版。子どもが信頼してついてくる教師のブレない叱り方が学べます！

定価＝本体 1800 円＋税

大好評！　学陽書房の本

親も子もラクになる
魔法の"ほめ"セラピー　手塚千砂子 著

親がまず自分自身を「ほめる」と子育て上手になり、子どもも変わり、そして、のびのびグングン前向きな成長が引き出されます。マイナス感情は振り払い、プラス言葉を使って、簡単シンプルな「ほめ日記」や「親子はぐくみヨガ」などで心と体のスキンシップを重ねていきましょう。ストレスのない豊かでイキイキとした親子関係と、子どもの成長を育んでいくための具体的な方法をやさしく紹介していきます。絆が深まる子育てを無理なく実現させるための本！

定価＝本体 1300 円＋税